한 손에 성경, 한 손에 비즈니스

한 손에
성경,

윌리엄 더글러스 · 루벤스 테이세이라 지음

곽수광 옮김

성공의 길,
성경에서 답을 찾다

한 손에
비즈니스

THE 25 BIBLICAL LAWS OF SUCCESS

차선책
THE NEXT PLAN

부모님, 아내인 나야라, 자녀인 루이사, 루카스, 사무엘에게
이 책을 바칩니다.

－윌리엄 더글러스

도끼가 무딘데도 그 날을 갈지 않고 쓰면, 힘이 더 든다.
그러나 지혜는 사람을 성공하도록 돕는다.

(전도서 10:10)

오직 너는 크게 용기를 내어, 나의 종 모세가 너에게 지시한
모든 율법을 다 지키고, 오른쪽으로나 왼쪽으로 치우치지 않도록 하여라.
그러면 네가 어디를 가든지 성공할 것이다.
이 율법책의 말씀을 늘 읽고 밤낮으로 그것을 공부하여,
이 율법책에 씌어진 대로, 모든 것을 성심껏 실천하여라.
그리하면 네가 가는 길이 순조로울 것이며, 네가 성공할 것이다.

(여호수아 1:7-8)

차례

이 시대를 살아가는 우리 모두에게 던지는
용기와 지혜의 메시지

이승율 총장

한국기독실업인회(CBMC) 명예회장, 평양과학기술대학 공동운영총장

우리는 때때로 세상 속에서 신앙과 비즈니스를 함께 추구하는 것이 얼마나 어려운지를 실감합니다. 하지만 『한 손에 성경, 한 손에 비즈니스』는 그 불가능해 보이는 길을 향한 놀라운 지침서입니다. 이 책은 성경 속에서 발견할 수 있는 25가지 원칙을 통해 비즈니스 세계에서도 신앙을 굳건히 지키며 성공할 수 있는 방법을 명확히 제시합니다.

제가 브라질 리우데자네이루(Rio de Janeiro)에서 열린 국제 컨퍼런스에서 윌리엄 더글러스(William Douglas) 판사를 처음 만났을 때 그가 청년들에게 전한 '다윗의 물맷돌' 메시지는 강렬했습니다. 그는 단순한 판사가 아닌 브라질 청년들의 우상과 같은 인물이었고, 그가 전하는 용기와 결단의 이야기는 참석한 모든 사람들에게 깊은 감동을 주었습니다.

이 책은 바로 그때 제가 선물로 받은 것이며, 한국 청년들에게도 이 책이 같은 울림을 전해주기를 바라는 마음으로 번역 출판을 결심하게 되었습니다. 때마침 한국기독실업인회(CBMC) 활동을 동역하고 있는 '차선책' 출판사의 조찬우 대표께서 이에 전적으로 동의해주셔서 이 책이 세상에 나올 수 있었습니다.

이 책은 단순한 자기 계발서가 아닙니다. 이 책은 성경 속의 원칙을 실질적으로 비즈니스 현장에 적용하며, 하나님의 뜻 안에서 어떻게 우리가 진정한 성공을 이룰 수 있는지를 알려줍니다. 신앙을 지키며 살아가는 크리스천 직장인과 실업인들에게 이 책은 용기와 지혜의 '물맷돌'을 쥐어줍니다. 이 물맷돌은 우리의 인생에서 만나는 골리앗 같은 문제들을 헤쳐 나가게 하고, 새로운 결단을 촉구하는 강력한 도구가 될 것입니다.

성공이란 세상에서 높은 위치에 오르는 것이 아닙니다. 진정한 성공은 하나님께서 우리에게 주신 사명을 충실히 따르고, 그 안에서 의미 있는 결과를 만들어가는 것입니다. 『한 손에 성경, 한 손에 비즈니스』는 그러한 성공을 꿈꾸는 모든 이들에게 강력한 지침서가 되어줄 것입니다.

저는 이 책이 한국 청년들과 기독실업인들에게 '다윗의 물맷돌'이 되어, 그들이 직장과 비즈니스 세계에서 더 큰 용기와 결단으로 나아갈 수 있기를 간절히 기도합니다. 이 책을 통해 독자분들이 더욱 지혜롭고 영적으로 충만한 리더로 성장하길 진심으로 응원합니다.

『한 손에 성경, 한 손에 비즈니스』 번역 및 감수를 마치며

곽수광 목사
푸른나무교회

이 책이 독자분들의 삶에 새로운 통찰을 가져다주기를 간절히 소망합니다.

오늘날 우리가 마주한 가장 치열한 전장은 바로 비즈니스 세계입니다. 불확실성의 안개 속에서 끊임없이 밀려오는 도전의 파도를 헤쳐 나가야 하는 독자분들에게 이 책을 소개하게 되어 진심으로 기쁩니다.

이 책은 단순히 당면한 문제의 해결책만을 제시하는 데 그치지 않습니다. 오히려 우리 삶의 근본적인 질문들, 즉 "우리는 왜 이 길을 걷고 있는가?", "이 여정의 끝에서 우리는 무엇을 이루고자 하는가?", "지금 우리가 서 있는 이 자리는 어디인가?"에 대한 깊이 있는 통찰을 제공합니다. 이러한 본질적인 물음에 대한 가장 신뢰할 만한 답변의 원천이 바로 성경임을 말씀드리고 싶습니다.

19세기 미국의 위대한 인물들, 백화점왕 존 워너메이커(John Wanamaker), 정치 지도자 에이브러햄 링컨(Abraham Lincoln) 그리고 영적 지도자 D. L. 무디(D. L. Moody)를 생각해보십시오. 이들의 공통점은 무엇일까요? 바로 정규 교육은 초등학교에 그쳤지만 성경에서 얻은 지혜로 각자의 분야에서 놀라운 열매를 맺었다는 것입니다.

인공지능과 4차 산업혁명으로 세상이 숨 가쁘게 변화하는 이 시대에도 성경은 변함없이 가장 순수하면서도 심오한 지혜의 보고입니다. 이는 성경이 창조주 하나님께서 직접 우리에게 주신 삶의 나침반이자 영혼의 양식이기 때문입니다.

성경이 말하는 성공은 온전하고, 공동체적이며, 하나님의 창조 질서를 회복하는 것입니다. 이러한 성공에는 허무함이 없고, 관계의 단절로 인한 상처도 없습니다. 오히려 치유와 화해 그리고 회복이 일어납니다. 성경은 우리에게 개인의 영광이 아닌, 나눔과 섬김을 통해 많은 이들을 살리고 함께 성장하는 삶을 추구하도록 인도합니다.

이 책에서 만나게 될 성경적 성공의 원리들은 독자분들의 삶에 새로운 지평을 열어줄 것입니다. 하지만 저는 여기서 그치지 않고, 이를 통해 더욱 깊고 풍성한 영적 차원의 삶으로 나아가기를 간절히 소망합니다. 앞으로 펼쳐질 여정은 상상 이상으로 역동적이고 감동적일 것입니다.

주님을 경외하는 것이 지식의 근본이어늘, 어리석은 사람은 지혜
와 훈계를 멸시한다. (잠언 1:7)

이 말씀처럼 진정한 지혜의 시작은 하나님을 경외하는 마음에
서 비롯됩니다. 이 책을 통해 모두가 성경의 지혜를 깊이 깨닫고,
이를 바탕으로 하나님이 기뻐하시는 참된 성공의 길을 걸어가기
를 간절히 기도합니다.
이 책을 읽는 모든 분들의 여정에 하나님의 은혜와 평강이 늘
함께하시기를 축복합니다.

성경의 지혜로 이끄는 성공의 길

성공이란 무엇일까요? 세상 사람들은 성공을 돈, 명예, 그리고 권력으로 정의합니다. 그러나 우리가 진정으로 추구해야 할 성공은 그것만이 아닙니다. 성공은 우리 내면 깊숙이 자리한 가치를 바탕으로 이루어지는 결과입니다. 그리고 이 가치들은 성경에 깊이 새겨져 있습니다.

성경은 단순한 종교 서적이 아닙니다. 그 안에는 수세기를 넘어 오늘날까지 유효한, 인생의 원리와 지혜가 담겨 있습니다. 비즈니스 세계에서 성공하기 위한 원칙도 바로 이 성경에서 배울 수 있습니다. 『한 손에 성경, 한 손에 비즈니스』는 이러한 성경의 25가지 성공 원칙을 통해 믿음과 비즈니스의 균형을 이루는 길을 제시합니다.

이 책을 읽으며 당신은 '성공'이라는 단어의 의미를 새롭게 정의하게 될 것입니다. 성공이란 단순히 목표를 달성하는 것이 아니라 하나님께서 주신 사명을 충실히 수행하고, 그 과정에서 다른 사람들과 나눌 수 있는 가치와 의미를 발견하는 것입니다. 성경은 단순히 영적 성공을 위한 지침이 아니라 우리의 일상과 업무 속에서도 놀라운 영향력을 발휘할 수 있는 강력한 도구입니다.

성경 속 25가지 성공 원칙은 누구에게나 적용 가능합니다. 중요한 것은 이를 어떻게 적용하느냐에 달려 있습니다. 성공의 열쇠는 바로 우리 손에 있습니다. 성경이 제시하는 원칙을 바르게 이해하고 삶에 실천할 때 우리는 단순한 물질적 성공을 넘어 진정한 내면의 평안과 성취감을 얻게 될 것입니다.

이 책은 단지 비즈니스 전문가나 기업가들만을 위한 책이 아닙니다. 우리는 모두 각자의 삶 속에서 크고 작은 선택을 통해 '성공'을 추구합니다. 이 책은 당신이 그 선택을 할 때마다 신앙을 중심에 두고 올바른 결정을 내릴 수 있도록 도와주는 동반자가 되어줄 것입니다.

◆ 성경의 성공 원칙 ◆

세상에는 수많은 원칙이 존재합니다. 자연의 원칙, 사회의 원칙 그리고 인간관계의 원칙까지. 그중에서도 가장 중요한 것은 '영적인 원칙'입니다. 영적인 원칙이란 우리가 세상 속에서 어떻게 행동하고 결정할지를 이끄는 근본적인 원리입니다. 성경은 이러한 원칙들을 세세하게 설명하고 있습니다. 성경의 성공 원칙은 단순한 종교적 명령이 아닙니다. 그것은 우리의 삶과 비즈니스, 그리고 관계에서 성공을 이루기 위한 핵심 원칙들입니다.

이 책을 통해 당신은 성경 속에 숨겨진 지혜를 발견하게 될 것입니다. 그리고 그 지혜는 당신의 삶과 비즈니스에서 성공을 이루는 든든한 기반이 되어줄 것입니다. 이제, 성경이 제시하는 성공의 길로 함께 걸어가 보시겠습니까?

PART 1

지혜에 관한
원칙

기회의 원칙

그러나 나는 너희에게 말한다. 너희 원수를 사랑하고, 너희를 박해하는 사람을 위하여 기도하여라. 그래야만 너희가 하늘에 계신 너희 아버지의 자녀가 될 것이다. 아버지께서는, 악한 사람에게나 선한 사람에게나 똑같이 해를 떠오르게 하시고, 의로운 사람에게나 불의한 사람에게나 똑같이 비를 내려주신다. (마태복음 5:44-45)

인생을 살아가면서 누구나 더 나은 방향으로 발전할 기회가 있다는 것을 아시나요? 이것이 바로 '기회의 원칙'입니다. 현재 당신의 상황이 어떠할지라도 밝고 새로운 인생 이야기를 쓸 수 있는 기회가 항상 존재한다는 거죠. 물론 현재의 삶에 만족한다면 그대로 살면 되겠지만, 그렇지 않다면 우리에겐 언제나 인생의 방향을 바꿀 기회가 있습니다.

이 영적 원칙은 모든 사람에게 똑같은 기회가 주어진다고 말하지는 않아요. 하지만 각자에게 정당한 몫의 기회가 있다는 것은 분명합니다. 부자가 되고 성공한 사람이 되는 것이 단순히 마음먹기에 달린 것은 아니에요. 여러 가지 상황이 작용하죠. 우리가 통제할 수 있는 것도 있고, 그렇지 않은 것도 있습니다. 그러나 어떤 상황에서도 우리는 항상 노력하며 앞으로 나아갈 수 있어요.

많은 사람들이 말하듯이 행복은 주어진 상황이 아니라 그 상황에 어떻게 대처하느냐의 문제입니다. 우리는 예상 가능한 일과 불가능한 일 모두에 대비해야 해요. 가장 좋은 방법은 기회를 잡는 법을 배우는 것입니다. 성공은 당신에게 얼마나 많은 기회가 오느냐가 아니라 당신이 움켜쥔 단 한 번의 기회에 달려 있습니다.

자신의 운을 남과 비교하는 것은 무의미합니다. 그것으로 바뀌는 건 아무것도 없으니까요. 우리는 각자에게 주어진 운명 안에서 앞으로 나아가야 합니다. 당신이 원하는 곳에 도달하기 위해서는 현재의 위치에서 과감히 발을 떼야 해요. 그리고 그 과정에서 필요한 대가를 기꺼이 치를 준비가 되어 있어야 합니다.

성경에서 최고의 현인으로 평가받는 솔로몬 왕은 다음과 같이 말했습니다.

이제 나는 네 말대로, 네게 지혜롭고 총명한 마음을 준다. 너와 같은 사람이 너보다 앞에도 없었고, 네 뒤에도 없을 것이다. (열왕기상 3:12)

그는 또한 전도서에서 이렇게 말했죠.

모두가 같은 운명을 타고 났다. 의인이나 악인이나, 착한 사람이나 나쁜 사람이나, 깨끗한 사람이나 더러운 사람이나, 제사를 드리는 사람이나 드리지 않는 사람이나, 다 같은 운명을 타고 났다. 착한 사람이라고 해서 죄인보다 나을 것이 없고, 맹세한 사람이라고 해서 맹세하기를 두려워하는 사람보다 나을 것이 없다. (전도서 9:2)

흥미롭게도 모든 사람에게 놀라운 일들이 항상 벌어집니다. 강한 자가 항상 이기는 것도 아니고, 영리한 자가 항상 부자가 되는 것도 아니에요. 솔로몬 왕은 이렇게 말했습니다.

나는 세상에서 또 다른 것을 보았다. 빠르다고 해서 달리기에서 이기는 것은 아니며, 용사라고 해서 전쟁에서 이기는 것도 아니더라. 지혜가 있다고 해서 먹을 것이 생기는 것도 아니며, 총명하다고 해서 재물을 모으는 것도 아니며, 배웠다고 해서 늘 잘되는 것도 아니더라. 불행한 때와 재난은 누구에게나 닥친다. (전도서 9:11)

우리 주변에서 이런 사실을 쉽게 확인할 수 있어요. 시간과 기회는 모든 사람에게 주어집니다. 경주에서 우승하면 메달을 받듯이 기회가 왔을 때 그것을 놓치지 않고 최대한 활용하는 사람이 결국 성공하게 됩니다.

예수님도 이 기회의 원칙에 대해 이렇게 말씀하셨어요.

그러므로 내 말을 듣고 그대로 행하는 사람은, 반석 위에다 자기 집을 지은, 슬기로운 사람과 같다고 할 것이다. 비가 내리고, 홍수 가 나고, 바람이 불어서, 그 집에 들이쳤지만, 무너지지 않았다. 그 집을 반석 위에 세웠기 때문이다. 그러나 나의 이 말을 듣고서도 그대로 행하지 않는 사람은, 모래 위에 자기 집을 지은, 어리석은 사람과 같다고 할 것이다. 비가 내리고, 홍수가 나고, 바람이 불어 서, 그 집에 들이치니, 무너졌다. 그리고 그 무너짐이 엄청났다. (마 태복음 7:24-2)

폭우, 홍수, 태풍은 모든 사람에게 영향을 미치지만, 어떤 이의 집은 튼튼하고 어떤 이의 집은 그렇지 못합니다. 어떤 사람들은 열심히 준비하는 반면, 다른 이들은 쉬운 길을 택하죠. 그 결과는 나중에 드러나게 됩니다. '뿌린 대로 거둔다'라는 원칙처럼 튼튼 한 기초를 다진 사람은 어려움을 이겨낼 수 있습니다.

솔로몬 왕과 예수님은 모든 사람에게 위기와 기회가 찾아온다 고 경고하셨어요. 어떤 이들은 이를 이겨낼 준비가 되어 있지만 그렇지 못한 이들도 있습니다. 해가 뜨고 비가 내리는 것은 모두 에게 같지만 어떤 이는 대비하고 어떤 이는 그렇지 않죠. 당신은 어떠신가요? 예상치 못한 일에 대비되어 있나요?

브라질에는 이런 속담이 있어요. "태양은 모든 사람 머리 위에 떠오르지만 그늘이 모든 사람을 가려주는 것은 아니다." 즉, 햇빛을 피하는 방법을 아는 사람만이 시원한 그늘을 즐길 수 있다는 뜻이에요. 집을 짓고 그늘을 만든 사람만이 그 안에서 쉴 자격이 있는 거죠.

20세기 초, 앤드류 카네기(Andrew Carnegie)는 나폴레옹 힐(Napoleon Hill)에게 성공한 사람들의 공통점을 연구하도록 했어요. 힐은 20년 넘게 당대 가장 성공한 사람들의 삶을 연구했죠. 1만 6,000명 이상의 부자와 영향력 있는 인물들을 연구해 그들의 공통점을 찾으려 노력했어요. 토머스 에디슨(Thomas Edison), 알렉산더 그레이엄 벨(Alexander Graham Bell), 헨리 포드(Henry Ford) 등 유명한 인물들도 포함되었죠.

1937년, 힐은 그의 연구 결과를 『생각하라 그리고 부자가 되어라(Think and Grow Rich)』라는 책에 담았어요. 이 책은 여러 전문가들의 검토를 거쳐 신뢰성을 인정받았죠. 이 책에는 성공한 사람들이 의식적·무의식적으로 지키는 원칙들이 정리되어 있습니다.

힐은 책에서 시카고의 건솔러스(Dr. Gunsaulus) 신부 이야기를 들려줍니다. 신부는 "100만 달러가 있다면 무엇을 할 것인가"라는 주제로 설교를 한다고 발표했어요. 이 설교를 들으러 온 육류가공업자 필립 D. 아머(Philip D. Armour)는 신부의 기술대학 건립 계획에 감동받아 실제로 100만 달러를 기부하겠다고 약속했죠. 이 이야기는 준비된 계획이 얼마나 중요한지를 보여줍니다.

지금 당신이 하는 일을 좋아하지 않을 수도 있어요. 이럴 때 두 가지 선택이 있습니다. 하나는 그냥 적당히 일하다가 결국 그만두는 것이고, 다른 하나는 지금의 일에서 최선을 다해 더 나은 기회를 얻는 것이죠. 어쩌면 지금 당신이 서 있는 곳이 바로 보물이 숨겨진 곳일지도 모릅니다.

기회는 모두에게 오지만 그것을 잡는 사람은 많지 않습니다. 기회를 놓치지 않고 잡는 사람들이 자신의 꿈을 이루기 더 쉬울 것입니다.

두 남성이 같은 감옥 창문을 바라보고 있습니다. 한 명은 쇠창살을 바라보고 다른 한 명은 별을 바라봅니다. (프레드릭 랭브릿지)

이 명언은 우리에게 중요한 교훈을 줍니다. 같은 상황에서도 어떤 시각으로 바라보느냐에 따라 전혀 다른 것을 볼 수 있다는 거죠. 당신은 어떤 시각으로 세상을 바라보고 계신가요? 쇠창살을 보고 좌절할 것인가, 아니면 별을 보고 희망을 품을 것인가? 그 선택은 당신의 몫입니다.

CHAPTER 2

지혜의 원칙

지혜를 찾는 사람은 복이 있고, 명철을 얻는 사람은 복이 있다. 참으로 지혜를 얻는 것이 은을 얻는 것보다 낫고, 황금을 얻는 것보다 더 유익하다. 지혜는 진주보다 더 값지고, 네가 갖고 싶어 하는 그 어떤 것도 이것과 비교할 수 없다. (잠언 3:13-15)

지혜는 성공의 기반입니다. 당신이 원하는 것을 얻는 방법을 선택할 때 어떤 이는 당신이 조직적이거나 전략적이거나 재무적 지능이 있다고 말할 것입니다. 지혜의 원칙을 따른다면 우리는 우리가 심을 씨앗을 선택할 수 있고, 우리가 바라는 결과가 왔을 때 그것을 즐길 수 있습니다.

우리가 말하는 지혜는 단순한 지식이나 계산 능력이 아닙니다. 그것은 행복을 찾아 행복해지는 능력입니다. 지혜란 무엇을, 언제, 왜, 어떻게 해야 하는지, 그리고 그것이 어떤 가치가 있는지 아는 것입니다. 높은 지능이나 기억력을 가진 사람들도 있지만, 우리가 말하는 지혜는 그들의 감정적 지능과 전체적인 지식, 능력을 포함합니다.

이런 더 큰 지혜는 여러 요소가 결합된 결과입니다. 누구나 천재로 태어날 필요는 없습니다. 행복해지고 성공할 방법은 우리의 선택에 따라 모두에게 열려 있습니다. 당신은 현명해질 수 있습니다. 필요한 것은 현명해지려는 열망과 지식을 쌓고 지능을 향상시키려는 의지뿐입니다.

잠언은 우리에게 최고의 투자가 금이나 은이 아닌 지혜임을 상기시켜 줍니다. 또 다른 구절에서는 이렇게 말합니다.

집은 지혜로 지어지고, 명철로 튼튼해진다. 지식이 있어야, 방마다 온갖 귀하고 아름다운 보화가 가득 찬다. 지혜가 있는 사람은 힘이 센 사람보다 더 강하고, 지식이 있는 사람은 기운이 센 사람보다 더 강하다. 전략을 세운 다음에야 전쟁을 할 수 있고, 참모가 많아야 승리할 수 있다. (잠언 24:3-6)

지혜는 모든 사람이 살아가면서 꾸준히 길러야 합니다. 지혜로워지는 과정은 다음 세 단계로 나눌 수 있습니다.

① **일반적인 지혜**: 올바른 선택과 태도를 위한 기본적인 지식과 상

식을 갖추는 것.

② **전문적 역량:** 특정 작업에 대한 지식과 기술을 적용하는 능력.

③ **심층 지식:** 성공에 필요한 분야와 사람들에 대한 깊은 이해.

이 세 단계에서 지혜로워지는 방법은 학습 능력을 기르는 것입니다. 배우고자 하는 열망이 있어야 하며, 성경과 다른 책들을 읽고 공부하는 것을 포함하여 자신의 경험을 되돌아보고 멘토, 코치, 선생님, 친구, 동료의 조언을 따르는 겸손함이 필요합니다.

오늘날의 취업 시장은 경쟁이 치열합니다. 성경은 이 싸움에서 신중해질 것과 이 힘든 여정에서 도움을 줄 조언자를 구할 것을 권합니다. 따라서 항상 무언가를 배우고, 우리를 도와줄 조언자(책의 저자, 선생님, 동료 등)에게 도움을 청하는 것이 현명합니다.

당신은 어떤 조언자를 따르고 있나요? 마지막으로 들었던 강의, 읽었던 책, 수강한 강좌는 무엇인가요? 현명한 사람에게 조언을 구하거나 전문 코치나 멘토에게 도움을 청한 적은 언제인가요?

♦ 지혜의 첫 번째 단계: 어떤 가치를 따를지 아는 것 ♦

눈을 흘기면 고난이 생기고, 입을 어리석게 놀리는 사람은 멸망한다. (잠언 10:10)

첫 번째이자 가장 중요한 이 단계는 일반적인 지혜입니다. 이는 당신이 무엇을 원하고 어디로 가야 하는지 알아내고, 결정을 내리고, 행복과 인생의 균형을 찾는 것과 관련이 깊습니다. 이것은 당신이 일상생활에서 의사결정을 이끌어나갈 가치관을 선택하는 것과 연관되어 있습니다.

가치관은 고속도로에서 당신의 안전을 지켜주는 가드레일과 같습니다. 비가 내리는 어두운 밤에 운전해본 적이 있다면 이 비유의 의미를 잘 이해하실 것입니다. 적절한 밝기의 가로등 조명과 눈에 보이는 도로 표지판이 부족해 발생하는 교통사고가 얼마나 많은지 아시나요?

많은 사람들이 고리타분한 윤리를 지키면 성공할 기회를 잃고 취업 시장에서 낙오될 거라고 생각하지만, 그렇지 않다는 것을 가드레일의 예가 잘 보여주고 있습니다.

나스카(NASCAR) 레이스에서 최고 속도로 질주하는 레이서들을 상상해보세요. 사고가 발생하면 레이싱 카가 정차할 안전지대가 있습니다. 바로 가드레일입니다. 사업 세계에서도 마찬가지입니다. 트랙을 벗어난 이들은 도덕, 이미지, 신뢰의 가드레일에 부딪히며, 때로는 법의 가드레일에 걸리기도 합니다. 그로 인해 소중한 시간을 잃거나 경쟁에서 탈락할 수도 있습니다.

지름길이 항상 가장 빠른 길은 아니며, 완전한 자유가 항상 긍정적인 것만은 아닙니다. 규칙과 한계를 존중할 때 비로소 예절부터 법까지 장기적인 경쟁력이 생깁니다. 『한 손에 성경, 한 손에 비즈니스』는 당신이 결정을 내리고 방향을 선택하는 데 도움을 주며, 인생의 핸들을 언제 돌려야 하는지 가르쳐 줍니다.

우리는 부모, 학교, 교회, 친구, 존경하는 사람 등으로부터 배운 것에 개인적인 경험을 더해 자신만의 가치 체계를 만들어갑니다. 우리가 속한 사회와 문화적 환경도 우리의 가치관에 큰 영향을 미칩니다. 심지어 TV, 영화, 온라인 쇼도 끊임없이 우리의 신념과 가치관에 영향을 줍니다. 우리의 태도, 생각, 행동은 우리가 가진 가치의 결과입니다. 그것들은 선택에 영향을 미치고, 논리적으로 결과뿐만 아니라 얼마나 멀리 볼 수 있는지를 결정합니다. 우리는 우리가 받아들이는 가치와 규칙을 선택할 수 있습니다. 그 선택에 따른 행동이 운명을 결정할 것입니다.

♦ 지혜의 두 번째 단계: 어떻게 일할지 아는 것 ♦

> 너희는 가서 '내가 바라는 것은 자비요, 희생제물이 아니다' 하신 말씀이 무슨 뜻인지 배워라. 나는 의인을 부르러 온 것이 아니라, 죄인을 부르러 왔다. (마태복음 9:13)

지혜와 경쟁력은 전혀 다른 두 영역입니다. 경쟁력 있는 사람이 반드시 지혜로운 것은 아닙니다(그 반대도 마찬가지입니다). 때때로 사람들은 지혜를 '무엇을, 어떻게 해야 하는지 아는 방법'으로 정의하는 혼동에 빠질 수 있습니다. 지혜는 '무엇을 해야 하는지 아는 것'입니다. 능력이 실용적 영역에서 작용한다면 지혜는 철학적 영역에서 작용합니다. 지혜와 능력은 밀접한 관련이 있지만 똑같은 것은 아닙니다. 의사가 환자를 잘 수술하는 능력은 있어도 환자나 그의 가족과 잘 대화하는 지혜는 없을 수도 있습니다.

따라서 우리가 지혜의 원칙에서 말하는 능력은 한 단계 더 나아가는 것입니다. 살아가는 법을 아는 것이 지혜입니다만, 동시에 지혜에는 일을 어떻게 잘 수행할 것인지, 어떻게 하면 자기 직업에서 뛰어날 수 있는지 아는 것이 포함됩니다. 경쟁력은 결과적으로 일을 잘 끝마칠 수 있고 좋은 서비스나 수준 있는 결과물을 내놓을 수 있는 특정한 지식을 가져오는 지능과 기술을 요구합니다.

· 지능적으로 일하는 법

일을 끝마치는 것은 훌륭한 일입니다. 그러나 보다 효율적이고 일을 더 잘 처리하고 훌륭한 결과물을 낼 필요도 있습니다. 일을 엉망으로 처리하거나 부분적으로만 처리하거나 기술적인 표준을 고려하지 않고 처리한 일은 아무도 받아들이지 않을 것입니다. 이익이나 결과가 없는 일을 하는 것도 현명하지 않습니다. 때때로 우리는 아무 의미도 없는 방식으로 일할 수도 있습니다. 손수레 대신 맨손으로 벽돌을 옮기는 사람을 생각해보세요. 우리의 목표는 최대한 효율적이고 생산적인 방식으로 작업을 끝마치는 것이

어야 합니다.

무능한 직원처럼 자기 일을 할 줄 모르거나 잘 알고 있지만 게을러서 노력하지 않는 사람처럼 나쁜 전문가의 다양한 예가 있습니다. 우리가 흔히 저지르는 실수는 업무를 서두르다가 그 업무를 감독자나 동료에게 맡겨 그들이 당신이 이미 해 놓은 작업을 수정하거나 다시 해야 하는 경우입니다. 일하려는 의지와 지능이 조화를 이루면 매우 바람직한 전문가가 탄생합니다. 이것은 큰 경쟁력입니다.

· 일하는 기술을 작업에 적용하는 법 알기

일을 잘하는 사람들은 자기 분야에서 최고의 결과물을 만들어 내는 기술이 있습니다. 브라질에는 그 기술을 나타내는 다양한 표현들이 있습니다. 전문성, 실력, 선한 의지, 노하우입니다. 에너지 효율 향상만으로는 충분하지 않은 시대입니다. 우리는 생산성, 품질, 효과를 따지는 시대에 살고 있습니다. 결과가 필요합니다. 누군가에게 케이크 만드는 레시피를 줘도 그가 부엌에서 케이크를 만들지 못한다면 무슨 소용이 있을까요? 케이크를 만드는 기술을 가진 사람이 필요합니다.

숙련 노동자에 대해 성경에서는 이렇게 말하고 있습니다.

자기 일에 능숙한 사람을 네가 보았을 것이다. 그런 사람은 왕을

섬길 것이요, 대수롭지 않은 사람을 섬기지는 않을 것이다. (잠언 22:29)

이 구절은 일을 잘하고 능숙하고 똑똑하고 헌신적인 사람은 정상에 빨리 오를 것이라는 점을 강조합니다. 그들은 '왕을 위해 일할 것'입니다. 즉, 최고의 사람들과 최고의 대가를 주는 사람들을 위해 일할 것입니다. 능숙하고 똑똑하고 열심히 공부하는 학생은 최고의 성적을 받고 최고의 장학금을 받고 모두 선망하는 직장의 스카우트를 받을 것입니다. 판매원, 목수, 교사, 기업 임원 누구든 하는 일에 헌신하고 필요한 기술을 기르면 당신은 '왕들 사이에 자리 잡고' 승진할 것입니다. 이것이 원칙입니다! 정말 단순합니다. 당신이 하는 일에서 실력을 보여주세요!

지혜로운 사람은 일을 잘하고 자기 일에 헌신적입니다! 일을 어떻게 하는지 다른 사람들에게 물어보거나 다른 사람이 무엇을 어떻게 하는지 자주 물어보는 것은 어떨까요? 승진을 제일 먼저 하는 대부분의 사람은 무엇을, 언제, 어디서, 어떻게, 왜 하는지 질문에 답할 수 있습니다.

당신이 일을 잘하는 방법을 알고 있다면 언젠가는 빛이 당신에게 비칠 것입니다. 반대로 당신이 일을 잘하는 방법을 모른다면 빛이 당신에게 비칠 일은 일어나지 않을 것입니다. 당신은 여전히 같은 위치에 있거나 지금보다 더 아래로 내려갈 위험에 처할 것입니다.

지혜를 얻는 사람은 자기 영혼을 사랑하고, 명철을 지키는 사람은 복을 얻는다. (잠언 19:8)

♦ 지혜의 세 번째 단계: 심층 지식 ♦

너의 양 떼의 형편을 잘 알아 두며, 너의 가축 떼에게 정성을 기울여라. (잠언 27:23)

"지금 네 양떼가 어떤 상태인지 알라"라는 표현은 성경에서 다른 사람이나 다른 것에 대한 지식 정도를 말합니다.

존 하가이(John Haggai)의 『계속 이끄세요! 변화하는 세상에서 견디는 리더십(Lead On! Leadership That Endures in a Changing World)』에 나온 사례는 문화적 이해의 중요성을 보여줍니다. 인도네시아로 사업을 확장하려던 미국 사업가는 현지 문화에 대한 이해 부족으로 기회를 놓쳤습니다. 그는 다음과 같은 실수를 저질렀습니다.

① 현지 관행과 달리 상대방이 자신을 찾아오게 했습니다.
② 사업 회의에 가족을 초청했습니다.
③ 첫 만남에서 바로 사업 이야기를 꺼냈습니다.
④ 자신의 일정을 상대방 앞에서 언급했습니다.

이는 문화 차이에 대한 이해 부족의 사례입니다. 대화의 주제나 고객에 대해 깊이 알지 못하면 불필요한 손실로 이어질 수 있음을 보여주는 좋은 예입니다.

당신의 관심을 끄는 '양'이 누구인지 또는 무엇인지 아십니까? 당신에게 심층 정보가 필요한 사람은 누구이고 사물은 무엇인가요? 당신이 거래하는 사람들을 알고 있나요? 당신이 취업하고 싶어 하는 기업에 대한 심층 지식이 당신에게 있나요? 당신이 시작하려는 사업을 훤히 꿰뚫는 지식이 당신에게 있나요?

'양'은 당신 지휘하에 있거나 보고하는 사람일 수 있습니다. '양'은 당신이 일하는 회사일 수도 있습니다. 회사가 당신 소유가 아니어서 그것을 모른다는 변명은 통하지 않습니다. 그리고 당신이 자기 회사를 소유하고 있다면 주변에서 일어나는 모든 일을 알아야 할 더 큰 이유가 있습니다.

일부 사람들은 해변에서 샌드위치를 팔지만 제대로 돈을 못 받아 결국 아무것도 남기지 못하는 경우가 있습니다. 전체 재료비, 해변까지의 왕복교통비, 기타 경비를 합하면 이익을 낼 수 없다는 것을 그들은 알게 될 것입니다. 심지어 대기업에서도 이런 일이 벌어질 수 있습니다.

성경에서 해주는 권고를 요약하면 "가서 배워라"(마태복음 9:13)입니다. 이 원칙은 창세기에도 등장합니다. "다스려라"(창세기 1:28).

무엇을 어떻게 해야 할지 알아보세요. 당신이 상대해야 할 동료, 상사, 고객 그리고 당신 회사의 모든 것에 대해 샅샅이 알아보세요. 즉, 고객의 요구사항, 제품 사양, 제품의 효능을 훤히 꿰고 있어야 한다는 뜻입니다.

재물은 영원히 남아 있지 않으며, 왕관도 대대로 물려줄 수 없기 때문이다. (잠언 27:24)

당신의 회사와 현재 시장 상황을 파악하고 당신의 직장생활과 사업에 전심전력을 기울이는 것이 중요합니다. 당신 회사의 상태를 알게 되면 변화를 주거나 혁신하거나 심지어 문을 닫고 새로 시작해야 할 때를 알 수도 있습니다.

CHAPTER 3

비전의 원칙

주님께서 나에게 대답하셨다. '너는 이 묵시를 기록하여라. 판에
똑똑히 새겨서, 누구든지 달려가면서도 읽을 수 있게 하여라.' (하
박국 2:2)

어느 기업이든 전략적인 계획은 기업의 비전에서 시작됩니다.
비전은 미래에 기업이 어느 위치에 있고 싶은지, 어떻게 되고 싶
은지, 사람들에게 어떻게 알려지길 바라는지 보여주는 것입니다.

비전의 원칙은 인생에서 당신이 원하는 것이 분명해야 한다고
말합니다. 당신의 비전은 무엇인가요? 당신은 무엇을 위해 사나
요? 가고 싶은 곳은 어디인가요? 당신이 어떻게 알려지길 바라나
요? 이것은 당신의 선택에 달려 있습니다. 나중에 생각을 바꿀 수
있지만 당신이 앞으로 나아가려면 이 질문들에 대한 정의부터 내

려야 합니다.

일상적인 업무를 하면서 전략적 계획을 다룬 적이 있을 겁니다. 그렇다면 당신의 인생은 어떤가요? 개인적인 비전을 분석해봤나요? 당신의 강점과 약점을 생각해봤나요? 당신에게 다가올 기회와 위협을 생각해봤나요?

어떤 사람들은 자신의 개인적인 비전을 꿈이라고 부릅니다. 비전, 꿈, 목표, 목적, 의도라고 불러도 좋습니다. 중요한 것은 자신이 무엇을 찾고 있는지 아는 것입니다. 목표가 없으면 전진도 없습니다. 소망, 꿈, 계획이 필요합니다. 비전을 이루려면 이 성공의 기초부터 세워야 합니다.

우리가 비전을 세우면 노력을 기울여야 할 우선순위를 정할 수 있습니다. 여러 가지 성공이 있습니다. 개인적 성공, 영적 성공, 사회적 성공, 가족의 성공, 재정적 성공 등입니다. 이것들은 각각 그 위치와 중요성을 가지고 있습니다. 각각의 영역에서 합리적이고 균형 잡힌 성공을 이루는 것이 바로 번영이기 때문입니다. 네, 그렇습니다. 다양한 영역에서 성공을 누릴 수 있습니다. 쉽진 않겠지만 분명히 가능합니다. 하지만 첫발을 떼기 전 당신이 어디로 가고 싶은지 알아야 합니다.

솔로몬 왕은 이렇게 말했습니다.

서로 사랑하며 채소를 먹고 사는 것이, 서로 미워하며 기름진 쇠고기를 먹고 사는 것보다 낫다. (잠언 15:17)

이 명언은 돈이 중요하긴 하지만 성공의 유일한 기준은 아니라는 것을 보여줍니다. 우리가 경제적 성공에만 너무 몰두하고 행복한 가족관계를 잊어버린다면 위험합니다.

그러니 다음 질문들을 생각해보세요.

① 당신에게 성공이란 무엇인가요?

② 당신은 성공에 어떻게 다가가나요?(성공은 당신에게 좋은 것인가요? 성공이 당신 인생의 우선순위인가요?)

③ 성공을 어떻게 이룰 수 있다고 생각하나요?

④ 성공을 이루기 위해 당신이 사용했거나 사용할 의향이 있는 수단은 무엇인가요?

⑤ 당신은 돈을 얼마나 잘 관리하고 있나요?

비전을 생각한다면 이 질문들에 대답할 만한 가치가 있습니다. 그러나 성공의 개념이 무엇이든 분명한 것은 상당한 노력과 위험을 감수하지 않으면 성공을 이룰 수 없다는 것입니다.

다행히 성공과 실패는 사람들에게 붙이는 딱지가 아니라 특정 상황에 대해서 사용하는 용어라는 것입니다. 성공과 실패는 동전의 양면과 같으며 특정 시점의 결과물, 과거의 선택과 주변 환경이 만든 결과입니다. 새로운 의식적·행동양식적 선택은 현실을 변화시킬 수 있습니다. 인과응보입니다. 나중에 다시 토론하겠지만 예수님의 말씀대로 "뿌린 대로 거두리라"와 같습니다.

♦ 상상력 ♦

우리는 꿈으로 이루어진 존재입니다. (윌리엄 셰익스피어)

비전을 개발하는 기본적인 요건, 특별한 재료는 바로 상상력입니다. 솔로몬 왕은 "무릇 그 마음의 생각이 어떠하면 그의 사람됨도 그러하니, 그가 말로는 '먹고 마셔라' 하여도, 그 속마음은 너를 떠나 있다"(잠언 23:7)라고 말했습니다.

당신만의 비전을 찾아야 합니다. 그러려면 약간의 꿈, 용기, 결단이 필요합니다. 제가 말하고자 하는 것은 상자 밖으로 뛰쳐나가는 용기입니다. 당신의 상자는 부끄러움, 두려움, 당신이 꿈을 쫓아갈 때 스스로 또는 다른 사람이 설정한 한계라고 말할 수 있습니다. 상상력은 무엇이든지 세울 수 있습니다. 큰 성취를 상상하면 당신의 성공은 커질 것이고 작은 성취를 상상하면 당신의 성공은 작아질 것입니다. 그러니 큰 생각을 품으세요.

장애물이란 당신이 목표물에서 눈을 떼는 순간 보이기 시작하는 두려움이다. (헨리 포드)

집중의 원칙

그러므로 나는 목표 없이 달리듯이 달리기를 하는 것이 아닙니
다. 나는 허공을 치듯이 권투를 하는 것이 아닙니다. (고린도전서 9:26)

당신의 비전은 미래의 한 장면이지만 그곳에 이르려면 집중력
이 필요합니다. 그래서 집중의 원칙을 알아야 합니다.

당신이 비전에 가까워질수록 더 집중하고 주의를 더 기울이게
됩니다. 예수님은 그 사람에게 무엇이 가장 중요한지, 그의 비전
이 어디에 있느냐에 따라 그의 마음도 그곳에 있을 것이라고 말했
습니다. 물론 당신의 마음은 당신이 나아갈 곳에 있습니다.

너희의 재물이 있는 곳에 너희의 마음도 있을 것이다. (누가복음
12:34)

로마 제국의 위대한 사상가 중 한 명인 세네카(Seneca)는 "어느 항구로 향하는지도 모른 채 항해한다면 순풍도 불지 않는다"라고 말했다고 합니다. 목표 설정은 당신에게 달려 있습니다. 가능하면 자신의 이름을 알릴 수 있는 분야에서 목표에 집중하는 것이 현명합니다. 우리는 모두 상황에 따라 다른 사람보다 더 큰 성공을 이룰 능력과 개성이 있습니다.

당신과 목표 사이의 틈을 생각하지 말고 더 나은 성과에만 모든 것을 집중하세요. 이 책에서 학습하는, 성공에 이르는 영적 원칙을 지킨다면 원하는 것을 곧 이룰 것입니다. 시간은 무심하게 그냥 흘러가 버립니다. 흘러가는 시간에 맞춰 반드시 발전하세요. 모든 것이 변하고 멈추지 않는 이 세상에서 지금 이 자리에 그대로 있으면 뒤처질 것입니다. 그러니 계속 움직여야 합니다.

집중력을 키우는 좋은 방법 중 하나는 일간, 주간, 월간, 연간 계획을 세우는 것입니다. 마음속에 목표를 정한 후 종이에 그 목표를 적어보세요. 컴퓨터, 태블릿 PC, 핸드폰에 기록해도 됩니다. 1년 후, 5년 후, 10년 후, 20년 후 어디에 있고 싶은지 적어보세요. 한 연구에 의하면 기록한 목표들이 머릿속에만 저장한 목표보다 쉽게 달성된다고 합니다.

하루에 해야 할 일의 목록(To do list)을 적어보세요. 작은 일이라도 목록에 적으세요. 작업을 마치면 목록 옆에 체크(√) 표시를 하거나 목록을 하나씩 지워나가 보세요. 그러면 임무를 완수했다는 느낌을 받을 겁니다. 목록에 있는 작업을 완료하지 못했을 때는 계획을 검토하고 수정하세요. 특정 작업을 완료할 수 있는지 판단하세요. 체크 목록은 식료품부터 학용품까지 다양합니다. 여행을 떠난다면 출발하기 전에 가방에 담을 물건을 모두 기록하세요.

'할 일 목록'에서 모든 일을 끝마치지 못하더라도 실망하지 마세요. 목록을 버리지 말고 계속 갖고 계세요. 1년 후, 5년 후, 10년 후에 당신이 집중했던 일들은 이루어져 있을 것이고 노력을 조금 덜 쏟은 다른 일들은 이루지 못했을 겁니다.

해야 할 일이 많은 것이 두렵거나 당신이 게으르고 계획을 실천하지 않는다면 5년 후, 10년 후 당신의 상황은 여전히 현재와 같거나 더 나빠질 것입니다. 성공을 유지하려면 당신이 해야 할 일들을 가장 효과적인 방법으로 실행해야 합니다. 그러니 빨리 움직이세요!

루벤스(Rubens)는 일반적으로 자신의 강연에서 다음과 같이 조언합니다.

특정 기간 내에 당신이 이뤄야 할 목표에 집중하세요. 5년이 적당합니다. 5년 동안 꾸준히 성공에 이르는 원칙들을 지킨다면 그 5년 동안 상황이 얼마나 나아졌는지 기록을 측정해볼 수 있을 것입니다. 쓸모없는 일에 시간을 낭비하면 그만큼 손해입니다.

개인적인 목표를 세우고 목표를 달성할 시간표를 짜세요. 거기서부터 당신의 성공이 시작됩니다.

◆ 집중하기 대 희생하기 ◆

또 하늘나라는, 좋은 진주를 구하는 상인과 같다. 그가 값진 진주 하나를 발견하면, 가서, 가진 것을 다 팔아서 그것을 산다. (마태복음 13:45-46)

집중은 희생을 의미합니다. 마태복음의 상인 이야기는 뭔가 완벽한 것을 찾아낸 사람이 꿈을 이루기 위해 자신이 가진 것을 희생시켰음을 말해줍니다. 이것이 집중과 희생의 관계입니다. 뭔가에 집중할 수 없다면, 동시에 다른 것을 희생할 용기가 없다면 아무도, 그 어떤 것에도 집중할 수 없습니다.

예수님은 "내가 진정으로 진정으로 너희에게 말한다. 밀알 하나가 땅에 떨어져서 죽지 않으면 한 알 그대로 있고, 죽으면 열매를 많이 맺는다"(요한복음 12:24)라고 말했습니다. 이것은 모든 일과 성취에는 희생이 필요함을 말해줍니다. 당신이 무엇을 원하는지 알고 당신의 비전에 집중하는 것만큼 중요한 것은 무엇을 희생시켜야 할지 알고 희생시키는 것입니다.

성공에는 항상 희생이 필요합니다. 실패도 마찬가지입니다. 성공과 실패 모두 대가가 따릅니다. 성공의 대가는 보통 전반부에 먼저 치르고 성공의 열매는 후반부에 얻게 됩니다. 실패는 일찍부터 노력하지 않은 사람들에게 일어납니다. 그들은 나중에 대가를 치릅니다.

성경에서는 처음에는 달콤한 맛이 나지만 나중에는 쓴맛이 나는 음식이 있다고 말합니다.

그래서 내가 그 천사에게로 가서, 그 작은 두루마리를 달라고 하니, 그는 나에게 말하기를 "이것을 받아먹어라. 이것은 너의 배에는 쓰겠지만, 너의 입에는 꿀같이 달 것이다" 하였습니다. (요한계시록 10:9)

직장생활도 이와 매우 비슷합니다. 지금 적절한 희생을 하지 않으면 당장은 달콤해 보일 수 있지만 훗날 쓴맛을 봐야 합니다.

♦ 집중하기 대 긍정적인 사고 ♦

여러분은 땅에 있는 것들을 생각하지 말고, 위에 있는 것들을 생각하십시오. (골로새서 3:2)

우리 뇌는 우리가 하는 생각들에 의해 프로그래밍됩니다. 좋은 것, 긍정적인 것을 많이 생각할수록 좋은 일, 긍정적인 일이 더 많이 일어날 것입니다. 물론 분명한 것은 생각만 한다고 현실이 바뀌는 것은 아닙니다. 행동, 희생, 인내가 필요합니다. 그럼에도 모든 것은 당신의 마음에서 비롯됩니다. 긍정적으로 생각하는 사람들이 더 나은 결과를 얻는다는 연구 결과도 있습니다.

성경은 우리에게 이러한 것을 위해 노력하라고 말할 때 더 높은 목표를 찾고 더 나은 생각과 생각을 위해 노력하라고 말하고 있습니다.

마지막으로, 형제자매 여러분, 무엇이든지 참된 것과, 무엇이든지 경건한 것과, 무엇이든지 옳은 것과, 무엇이든 순결한 것과, 무엇이든 사랑스러운 것과, 무엇이든지 명예로운 것과, 또 덕이 되고 칭찬할 만한 것이면, 이 모든 것을 생각하십시오. (빌립보서 4:8)

계획의 원칙

부지런한 사람의 계획은 반드시 이득을 얻지만, 성급한 사람은 가
난해질 뿐이다. (잠언 21:5)

자신이 성공하길 바라는 사람이라면 계획의 원칙을 무시할 수
없습니다. 이 영적 원칙을 예수님은 이렇게 설명합니다.

너희 가운데서 누가 망대를 세우려고 하면, 그것을 완성할 만한
비용이 자기에게 있는지를, 먼저 앉아서 셈하여 보아야 하지 않겠
느냐? 그렇게 하지 않아서, 기초만 놓은 채 완성하지 못하면, 보는
사람들이 그를 비웃을 것이며, '이 사람이 짓기를 시작만 하고, 끝
내지는 못하였구나' 하고 말할 것이다. 또 어떤 임금이 다른 임금
과 싸우러 나가려면, 이만 명을 거느리고서 자기에게로 쳐들어오

는 그를 자기가 만 명으로 당해 낼 수 있을지를, 먼저 앉아서 헤아려 보아야 하지 않겠느냐? 당해낼 수 없겠으면, 그가 아직 멀리 있을 동안에 사신을 보내서, 화친을 청할 것이다. (누가복음 14:28-32)

무슨 일이든 계획 단계는 프로젝트를 성공적으로 수행하는 데 가장 중요한 단계입니다. 계획을 세우는 데 필요한 완전무결한 지침을 당신에게 알려주는 것이 이 책의 목적은 아니지만 계획이 필수적인 단계라는 것은 알아야 합니다. 꾸준히 성공을 거두려면 이 원칙을 당신의 인생과 사회경력에 어떻게 조화시켜 조직화할 것인지를 가르쳐주는 책과 강의를 찾아보세요.

계획은 3단계로 이루어져 있습니다.

① 전체적이고 전략적인 장기 계획
② 더 짧은 기간별 계획(주간, 월간, 분기별, 연간)
③ 주간·일일 계획

많은 사람이 계획을 세우는 것을 지루하고 어렵게 생각해 계획을 잘 세우지 않습니다. 계획을 세워두면 향후 작업에서 어려움과 예산 낭비를 막는 데 도움이 됩니다.

자원에 여유가 있는 사람들은 계획을 걱정할 필요가 별로 없습니다. 그러나 대부분의 사람들은 걱정을 해야 하는 것이 현실이지요. 주택 구매를 한다고 가정해봅시다. 현재 부동산 시장 상황을 미리 조사해두면 매입할 부동산의 상태, 가격, 대금 지급 조건을 고려해 최상의 결정을 내리게 될 것입니다. 부동산 시장 상황을 미리 조사해두지 않으면 세워둔 계획이 없어 최상의 조건으로 주택 거래를 하지 못하게 될 가능성이 큽니다.

계획을 잘 세우는 전문가들은 시장을 읽는 눈을 갖고 있습니다. 지구촌 문화권 중 특히 장기 계획을 세우지 않는 곳이 많습니다. 브라질은 사건이 터지면 그제야 보상해주는 문화입니다. 이런 경향은 월드컵, 올림픽과 같은 대규모 국제행사에 필요한 인프라 건설 계획의 미비에서 여실히 드러났습니다. 미리 계획해두면 절반 이상 일이 진척된 것입니다.

계획의 첫 단계는 당신이 원하는 것을 결정하는 것입니다. 최종 목표를 달성하는 것이든 중간단계의 목표를 달성할 계획이든, 또는 여러 단계가 계획 속에 포함되었든 안 되었든 당신이 의도한 것을 이루기 위해 미리 계획을 세우세요.

◆ SWOT 분석 ◆

임금님의 소원대로, 주님께서 임금님께 모든 것을 허락하여 주시고, 임금님의 계획대로, 주님께서 임금님께 모든 것을 이루어주시기를 원합니다. (시편 20:4)

계획을 효과적으로 세우는 방법을 알려주는 다양한 시스템, 도구, 트레이닝 코스와 책이 있습니다. 기업 경영에서 널리 사용되는 도구 중 하나는 SWOT 분석입니다. 이것은 기업의 내부 환경과 외부 환경을 도식으로 보여주는 것으로 개인에게도 사용할 수 있습니다. 이 기법은 1960~1970년대 스탠포드대학교에서 데이터 기반 'Fortune 500' 연구를 수행한 앨버트 험프리(Albert Humphrey)가 개발한 것입니다. SWOT 분석은 긍정적 요소와 부정적 요소들을 구분해가면서 전략적 행동들을 선택하는 데 도움을 줍니다.

SWOT는 Strengths(강점), Weaknesses(약점), Opportunities(기회), Threats(위협)의 약자입니다. SWOT 분석 시스템은 회사 내부의 강점과 약점, 회사 외부의 기회와 위협을 분석하는 것이 목적입니다. SWOT 분석은 회사 내부의 특성과 결점을 살펴보고 회사 외부에 존재하는, 해결하기 쉬운 요소와 어려움을 분석합니다. 이 도구가 당신에게 도움이 되는지 알고 싶다면 스스로에게 물어보세요. 기쁨의 원칙을 실천하기 위해 우리는 다음과 같은 점들을 기억해야 합니다.

① **감사하는 마음 갖기**: 매일 감사할 일을 찾아보세요. 작은 것에서부터 시작하세요.
② **긍정적인 관점 유지하기**: 어려운 상황에서도 배울 점이나 기회를 찾으세요.

③ **불평 대신 해결책 찾기**: 문제에 직면했을 때 불평하기보다는 해결책을 모색하세요.

④ **다른 사람 돕기**: 요셉처럼 자신의 상황이 어렵더라도 다른 사람을 돕는 것에서 기쁨을 찾으세요.

⑤ **작은 성취 축하하기**: 큰 목표를 향해 가는 과정에서 작은 진전도 인정하고 축하하세요.

⑥ **현재에 집중하기**: 과거의 불행에 매몰되지 말고, 현재 할 수 있는 일에 집중하세요.

⑦ **건강한 유머 감각 유지하기**: 때로는 자신의 상황을 웃어넘길 수 있는 여유도 필요합니다.

⑧ **영적 성장 추구하기**: 어려운 상황을 통해 자신의 성격과 영성이 성장할 수 있다는 것을 기억하세요.

⑨ **긍정적인 사람들과 교류하기**: 긍정적이고 기쁨을 나눌 수 있는 사람들과 시간을 보내세요.

⑩ **자신의 가치 인식하기**: 당신의 가치는 외부 환경이나 타인의 평가가 아닌, 내면에서 나온다는 것을 기억하세요.

이 질문들에 답해보면 당신 자신, 제품, 서비스, 회사의 전략적 행동계획을 만드는 것이 더 쉬워질 겁니다.

예수님은 계획 수립의 중요성을 강조하며 기회를 놓치지 않은 예를 들었습니다. 예수님은 10명의 처녀를 비유해가며 기회가 왔을 때 놓치지 않기 위해 계획을 세우고 미리 준비하는 것의 중요성을 보여주었습니다. 그 처녀들은 자신의 신랑이 될 남자를 기다리며 선택받길 원했습니다.

그 가운데서 다섯은 어리석고, 다섯은 슬기로웠다. 어리석은 처녀들은 등불은 가졌으나, 기름은 갖고 있지 않았다. 그러나 슬기로운 처녀들은 자기들의 등불과 함께 통에 기름도 마련하였다. 신랑이 늦어지니, 처녀들은 모두 졸다가 잠이 들었다. 그런데 한밤중에 외치는 소리가 났다. '보아라, 신랑이다. 나와서 맞이하여라.' 그 때에 그 처녀들이 모두 일어나서, 제 등불을 손질하였다. 미련한 처녀들이 슬기로운 처녀들에게 말하기를 '우리 등불이 꺼져 가니, 너희의 기름을 좀 나누어 다오' 하였다. 그러나 슬기로운 처녀들이 대답을 하였다. '그렇게 하면, 우리에게나 너희에게나 다 모자랄 터이니, 안 된다. 차라리 기름 장수들에게 가서, 사서 써라.' 미련한 처녀들이 기름을 사러 간 사이에 신랑이 왔다. 준비하고 있던 처녀들은 신랑과 함께 혼인 잔치에 들어가고, 문은 닫혔다. 그 뒤에 나머지 처녀들이 와서 '주님, 주님, 문을 열어주십시오' 하고 애원하였다. 그러나 신랑이 대답하기를 '내가 진정으로 너희에게 말한다. 나는 너희를 알지 못한다' 하였다. (마태복음 25:2-12)

기회라는 것이 늘 우리가 원할 때 오는 것은 아니지만 언제라도 기회가 왔을 때 우리가 무방비 상태여선 안 됩니다. 적절한 계획과 준비가 해결책입니다. 이 선제적 행동의 또 다른 이름은 신중함입니다. 신중함은 다음과 같이 정의할 수 있습니다.

① **신중한 재정관리자**: 올바른 판단력이나 상식을 발휘해 실제적인 문제를 주의 깊고 지혜롭게 다루는 것.

② **신중한 투자**: 실제적인 문제나 미래를 계획함에 있어서 사려 깊음과 지혜로움으로 특징 지워지거나 결과가 나타나는 것.

그리고 예수님은 우리에게 무엇을 하라고 말씀하셨을까요?

보아라, 내가 너희를 내보내는 것이, 마치 양을 이리 떼 가운데로 보내는 것과 같다. 그러므로 너희는 뱀과 같이 슬기롭고, 비둘기와 같이 순진해져라. (마태복음 10:16)

미리 계획하지 않고 함부로 벌이는 행동은 용기가 아니라 어리석은 것입니다. 그런 의미에서 솔로몬 왕은 "지혜 있는 사람은 두려워할 줄 알아서 악을 피하지만, 미련한 사람은 자신만만해서 조심할 줄을 모른다"(잠언 14:16)라고 말했습니다. 셰익스피어도 "어리석은 자는 자신의 화살을 곧바로 쏴버린다"라고 말했습니다. 성급함, 계획 부재, 지나친 적극성은 생산적이지 않습니다.

외부 사람들에게는 지혜롭게 대하고, 기회를 선용하십시오. (골로
새서 4:5)

계획은 한 번 세워두면 두 번 다시 세울 필요가 없는 것이 아닙
니다. 매일 해야 하는 노동입니다. 장기(1년 후, 5년 후, 10년 후) 계획뿐
만 아니라 일별, 주별, 월별 계획도 세워야 합니다. 성경에 이렇게
적혀 있습니다.

그러므로 여러분은 어떻게 살아가야 할지를 살피십시오. 지혜롭
지 못한 사람처럼 살지 말고, 지혜로운 사람답게 살아야 합니다.
세월을 아끼십시오. 때가 악합니다. 그러므로 어리석은 자가 되지
말고, 주님의 뜻이 무엇인지를 깨달으십시오. (에베소서 5:15-17)

성공하려면 시간을 잘 관리하는 것이 중요합니다. 시간을 잘 관
리하면 매일의 상황이 좋아집니다. 누구나 하루 24시간이 있습니
다. 자신의 꿈을 이루고 사회경력을 쌓기 위해 주어진 일을 할 시
간도 모두 같습니다. 타인이 가진 풍부한 재산과 지식이 그들에게
유리할지라도, 우리의 처지가 다르다고 해서 시기할 필요는 없습
니다. 우리는 각자 해결해야 할 과제들이 있습니다.
시간을 잘 관리하고 활동에 참여하고 업무에 집중하는 방법을

배우세요. 하루 업무가 끝나면 휴식을 취하고 활력을 되찾을 시간을 갖는 것도 중요합니다. '충전 원칙'에 대해 말할 때 자세히 논의하겠습니다.

솔로몬 왕은 전도서의 세 번째 장에서 이것에 대해 말했습니다.

모든 일에는 다 때가 있다. 세상에서 일어나는 일마다 알맞은 때가 있다. 태어날 때가 있고, 죽을 때가 있다. 심을 때가 있고, 뽑을 때가 있다. 죽일 때가 있고, 살릴 때가 있다. 허물 때가 있고, 세울 때가 있다. 울 때가 있고, 웃을 때가 있다. 통곡할 때가 있고, 기뻐 춤출 때가 있다. 돌을 흩어버릴 때가 있고, 모아들일 때가 있다. 껴안을 때가 있고, 껴안는 것을 삼갈 때가 있다. 찾아나설 때가 있고, 포기할 때가 있다. 간직할 때가 있고, 버릴 때가 있다. 찢을 때가 있고, 꿰맬 때가 있다. 말하지 않을 때가 있고, 말할 때가 있다. 사랑할 때가 있고, 미워할 때가 있다. 전쟁을 치를 때가 있고, 평화를 누릴 때가 있다. (전도서 3:1-8)

사람이 애쓴다고 해서, 이런 일에 무엇을 더 보탤 수 있겠는가? 이제 보니, 이 모든 것은, 하나님이 사람에게 수고하라고 지우신 짐이다. 하나님은 모든 것이 제때에 알맞게 일어나도록 만드셨다. 더욱이, 하나님은 사람들에게 과거와 미래를 생각하는 감각을 주셨다. 그러나 사람은, 하나님이 하신 일을 처음부터 끝까지 다 깨닫지는 못하게 하셨다. 이제 나는 깨닫는다. 기쁘게 사는 것, 살면서 좋은 일을 하는 것, 사람에게 이보다 더 좋은 것이 무엇이랴! 사람이 먹을 수 있고, 마실 수 있고, 하는 일에 만족을 누릴 수 있다면, 이것이야말로 하나님이 주신 은총이다. 이제 나는 알았다. 하나님이 하시는 모든 일은 언제나 한결같다. 거기에다가는 보탤 수도 없고 뺄 수도 없다. 하나님이 이렇게 하시니 사람은 그를 두려워할 수밖에 없다. 지금 있는 것 이미 있던 것이고, 앞으로 있을 것도 이미 있는 것이다. 하나님은 하신 일을 되풀이하신다. (전도서 3:9-15)

당신은 시간 관리하는 법을 더 많이 배울 필요가 있습니다. 일정표를 관리하는 기술과 조언을 전해주는 여러 권의 책이 있습니다. 스케줄 유지는 수많은 조건 중 하나일 뿐입니다. 큰 도움을 주는 도구인데도 자신이 스케줄에 얽매일까 봐 많은 사람이 일정표 작성을 꺼립니다. 하지만 그것은 헛소리입니다. 일정표, 달력, 플래너는 당신이 모든 활동을 계획하고 가족에 관한 일정, 학습, 업무, 건강 활동들을 메모할 공간이 있을 뿐만 아니라 스케줄을 자유롭고 유연하고 효율적으로 관리하도록 만든 것입니다. 당신이 적절한 계획을 세우면 더 나은 인생을 즐길 수 있고 미래도 대비할 수 있을 겁니다.

회사를 설립한 이후에도 시간을 계속 관리하는 것이 중요합니다. 성공을 이루면 여러 기회가 생깁니다. 좋은 기회(초대, 스카우트)와 나쁜 기회(개인적 공격 등)가 생길 수 있고 당신은 이에 대비해야 합니다. '아니오'라고 말하는 법을 배우라고 조언하고 싶습니다. 당신의 스케줄에 맞지 않는 초대에 거절하는 법도 배워두세요.

'아니오'라고 말하는 법을 배워두지 않으면 실패를 자초하는 것과 같습니다. 당신이 계획을 세우고 학습하고 전문가로서 이룬 성공을 유지할 시간이 부족할 수 있기 때문입니다. 결국 가족, 친구 등 당신이 가장 소중히 여기는 모든 것을 잃을 수 있습니다.

계획하지 않는 것은 실패를 계획하는 것과 같다. (윈스턴 처칠)

이지선 교수님과의
감동적인 대화

Q. 안녕하세요, 이지선 교수님. 인터뷰에 응해주셔서 감사합니다. 간단한 자기소개와 소감 부탁드립니다.

† 안녕하세요. 저는 이지선입니다. 이화여자대학교 사회복지학과 교수로 발달장애인, 수용자 자녀들 같은 사회적 약자들과 함께 일하고 있습니다. 그들의 삶을 조금이라도 더 나은 방향으로 이끄는 것이 저의 소명입니다. 사실 제 자신을 소개하는 것보다 제가 섬기는 이웃들에 대해 이야기하는 것이 더 의미 있는 것 같습니다. 오늘 이 시간을 통해 저의 작은 여정을 나눌 수 있어 감사하게 생각합니다. 무엇보다 하나님께서 이 모든 과정을 통해 주시는 은혜를 전할 기회가 되어 기쁩니다.

Q. 교수님께서는 '성공'에 대해 어떻게 정의하고 계신가요?

† 성공이라는 말이 우리 주변에서 참 많이 들리죠. 사람들은 보통 성공을 더 많이 소유하고, 더 높은 위치에 오르는 것이라

고 정의하는 것 같아요. 하지만 저는 조금 다른 관점을 가지고 있어요. 저는 성공이란 하나님께서 우리 각자에게 맡기신 사명을 완수하는 것이라고 믿습니다. 우리가 어떤 일을 하든, 그 일을 통해 하나님의 뜻이 이루어지는 과정에 참여하는 것이 성공입니다. 때로는 세상에서 크게 주목받지 못하고, 오히려 힘들고 희생하는 삶이 성공일 수 있습니다. 예수님께서 말씀하신 것처럼 우리 삶이 썩어지는 한 알의 밀알이 되는 것도 진정한 성공일 수 있죠. 빛나지 않아도 그 길을 걸어가는 것이 바로 크리스천의 삶이라고 생각해요. 물론 그 길은 결코 쉽지 않아요. 하지만 우리가 믿음으로 그 길을 걸어갈 때 하나님께서 우리의 삶을 통해 일하시는 것을 느낄 수 있습니다.

Q. 힘을 얻는 성경 구절이 있으신가요?

✝ 네, 사도행전 1장 8절 말씀입니다. "그러나 성령이 너희에게 내리시면 너희는 능력을 받고, 예루살렘과 온 유대와 사마리아에서, 그리고 마침내 땅 끝에까지 이르러 내 증인이 될 것이다." 이 말씀은 저에게 큰 위로와 자유를 줍니다. 세상은 끊임없이 우리에게 더 많은 것을 증명하라고 요구하죠. 더 좋은 성과, 더 많은 성취를 보여 달라고 말해요. 하지만 하나님은 우리에게 그런 요구를 하지 않으세요. 하나님께서는 그저 우

리를 그분의 증인으로 부르십니다. 우리가 스스로를 증명할 필요가 없다는 사실은 정말 큰 자유입니다. 하나님께서 주신 힘으로 그분의 일을 감당할 때 세상의 기준을 넘어서는 평안을 경험하게 됩니다.

Q. 현재 진행 중인 사회복지 활동에 대해 조금 더 이야기해주실 수 있을까요?

† 제가 하는 일은 크고 거창한 일이 아닙니다. 그저 제가 만나는 사람들에게 조금이라도 위로가 되고, 그들의 삶을 더 나아지게 만드는 것이 제 목표입니다. 지금은 발달장애인들과 수용자 자녀들과 함께하며 그들의 삶을 돕고 있는데, 이분들이 겪는 어려움은 상상하기 힘들 정도로 큽니다. 하지만 그들의 삶 속에서 작은 변화가 일어나는 것을 볼 때마다 그것이 하나님께서 저를 이곳에 부르신 이유라는 생각이 듭니다.

저의 사역은 단지 도움이 필요한 사람들에게 직접적인 도움을 주는 것뿐 아니라, 저와 함께 일하는 학생들이 이들을 존중하고 섬기는 법을 배우는 데에도 중점을 두고 있어요. 그 학생들이 사회에 나가 또 다른 사람들을 돕고, 세상에서 소외된 이들을 사랑으로 품는 사람들이 되기를 바랍니다. 이 일이 대단해 보이지 않을지라도 하나님께서 그 안에서 이루시는 일은 항상 크다고 믿습니다.

Q. 마지막으로 하나님께서는 교수님의 삶에서 어떤 분이신지 한 말씀 부탁드립니다.

---

† 하나님은 저의 삶에 있어 끝없는 사랑의 원천이십니다. 때로는 제게 아주 큰 도전과 시련을 주시는 엄격한 교관처럼 느껴지기도 했지만, 결국 그 모든 것은 저를 하나님의 사랑으로 더 깊이 이끌기 위한 과정이었음을 깨닫게 됩니다. 하나님은 언제나 저와 함께하셨고, 저를 훈련시키시면서도 그 사랑 안에 저를 품어주셨습니다. 제가 겪은 많은 어려움 속에서도 하나님은 저를 버리지 않으셨고, 오히려 그때마다 더 큰 사랑을 보여주셨습니다. 하나님은 제 삶의 사랑이자 나의 모든 것입니다.

PART 2

일에 관한
원칙

CHAPTER 6

일의 원칙

모든 수고에는 이득이 있는 법이지만, 말이 많으면 가난해질 뿐이다. (잠언 14:23)

같은 나뭇잎에 앉은 개구리 세 마리 문제를 아시나요? 개구리한 마리가 물속으로 뛰어들기로 결심합니다. 나뭇잎 위에는 몇 마리가 남았을까요?

정답은 '세 마리'입니다. 한 마리가 물속으로 뛰어들기로 결심했지만 문제에서는 실제로 뛰어들었다고 말하지는 않았습니다. 종종 우리는 이 이야기의 개구리처럼 행동합니다. 우리는 이것저것 하기로 결정하지만 결국 해놓은 것은 아무것도 없습니다.

살다 보면 쉬운 결정과 어려운 결정을 내려야 할 때가 많습니다. 우리가 저지르는 대부분의 실수는 잘못 내린 결정이 아니라 결정을 내리지 않아 생기는 미결정, 취소, 그리고 어떤 일이 잘못될까봐 실행하지 않는 데서 비롯됩니다. 행동에는 분명히 위험이 따르지만 그 위험은 감수해야 합니다. 인생에서 가장 큰 실패는 아무것도 하지 않는 것이기 때문입니다. 행동하지 않으면 인생에서 실패한다는 것을 이 원칙은 말해줍니다.

'일의 원칙'은 행동하지 않는 사람들은 아무것도 이루지 못하고 그들의 인생은 무의미해진다고 말해줍니다. 그렇게 하면 고통은 겪지 않을 수 있지만 배울 수도 없고 느끼지도 못하고 변하지도 않고 결국 성장하지도 못한다고 말해줍니다. 그들은 자유를 두려워하는 노예와 같습니다. '일의 원칙'은 위험을 감수하는 사람들만 자유로워질 수 있다고 말합니다.

우리의 주 업무는 공부와 일 두 가지입니다. 공부는 우리에게 지식과 지혜를 줍니다. 우리는 공부를 일로 생각합니다. 직장인이 입사해 특정 직책에 오르고 높은 급여와 여러 혜택을 받으려면 반드시 공부해야 한다고 말합니다. 최고의 자리에 오른 후에도 계속 공부해야 한다고 말입니다.

우리는 이 세계가 멈추지 않고 계속 돌아가고 인간이 알아야 할 지식도 매일 늘어나고 있다는 이유로 계속 공부하라고 권합니다. 따라서 좋은 직장을 찾거나 사업을 키워가면서도 공부를 해야 하고 모든 전문가가 현재 자신의 위치를 유지하기 위해서도 항상 공부해야 한다고 말합니다. 하지만 또한 공부만으로는 모든 문제를 해결할 수 없습니다.

'일하지 않으면 성공할 수 없다'는 진부한 말 같지만 진리입니다. 이 말을 제대로 깨달으면 전문가로서 성공할 수 있다고 말합니다. 일과 성공의 관계를 무시하면 실패를 초래하고 시간과 돈을 낭비하게 됩니다. 일이 성공을 낳습니다. 그리고 일은 공부를 통해서든 실제적인 경험을 통해서든 지식을 추구하면서부터 시작됩니다.

성공으로 향하는 길에서 쉬운 지름길을 택하면 함정에 빠질 수도 있습니다. 때로는 가장 짧은 길이나 가장 쉬운 길이 최상의 선택이 아닐 수 있고 성공하기까지 오랜 시간이 걸리더라도 결과는 매우 긍정적일 수 있다고 합니다. 지혜와 업무관리 능력은 시간이 흘러야 늘어납니다. 너무 빨리 성공하면 오히려 안 좋은 결과로 이어질 수 있다고 경고합니다. '일의 원칙'은 정직하지 않은 방법으로 힘들이지 않고 성공하거나 돈을 번 사람들은 그 상태를 오래 유지할 수 없다고 말해줍니다.

쉽게 얻은 재산은 줄어드나, 손수 모은 재산은 늘어난다. (잠언 13:11)

♦ 자신감 ♦

당신이 그 일을 할 수 있다고 생각하든 할 수 없다고 생각하든 당신 생각이 맞습니다. (헨리 포드)

당신이 하는 일이 성과를 거두려면 한 가지 재료가 반드시 필요합니다. 바로 자신감입니다. 당신 자신과 당신이 가진 미래의 비전을 믿어야 합니다. 당신이 새로운 사업을 시작하고 그것을 관리할 수 있다고 믿어야 합니다.

성경에는 "밭을 가는 사람은 마땅히 희망을 가지고서 밭을 갈고, 타작을 하는 사람은 한 몫을 얻으리라는 희망을 가지고 그 일을 합니다"(고린도전서 9:10)라고 나와 있습니다. 믿지 않으면 아무 일도 일어나지 않습니다. 믿음이 없으면 모든 것이 불가능합니다. "믿음은 바라는 것들의 확신이요, 보이지 않는 것들의 증거입니다"(히브리서 11:1)라고 성경에 나와 있습니다.

성경에서는 "여러분은 게으른 사람이 되지 말고, 믿음과 인내로 약속을 상속받는 사람들을 본받는 사람이 되어야 합니다"(히브리서 6:12)라고 말합니다. 여기서 믿음이란 종교적 신념이 아니라 당신 자신에 대한 그리고 당신이 하는 일에 대한 개인적 신념을 말합니다.

자신과 자신이 하는 일에 대한 믿음을 갖는 것이 성공을 이루어내는 데 있어서 그리고 동기부여를 받고 어떤 고난이 생기든 그것을 극복해 내는 데 있어서 꼭 필요하다는 것을 보여주는 수많은 연구결과들이 있습니다. 당신 스스로 당신이 하는 일, 당신의 회사, 당신이 만든 제품에 대한 믿음이 없다면 그것들을 믿는 고객도 아무도 없을 겁니다. 그러니 믿음을 가지십시오.

◆ 헌신 ◆

네가 어떤 일을 하든지, 네 힘을 다해서 하여라. 네가 들어갈 무덤 속에는, 일도 계획도 지식도 지혜도 없다. (전도서 9:10)

당신이 일하는 것만으로는 충분하지 않습니다. 당신이 하는 일에 헌신해야 합니다. 수많은 기업의 사무직 직원과 서비스직 직원들이 모든 일에 최선을 다하라는 이 영적 원칙을 애써 실천하지 않은 결과, 개인과 기업의 성장 전망이 떨어지고 있습니다. 당신이 남들에게 보여주려는 겉치레가 아니라 진정으로 자신의 일에 충실하고 헌신한다면 반드시 인정을 받을 것입니다. 당신 앞에 놓인 일이 무엇이든 최선을 다하세요. 주변 사람들이 당신에게 붙인 딱지가 무엇이든, 당신을 어떻게 생각하든 그런 것은 중요하지 않습니다. 계속 일에 집중하세요.

이렇게 일에 몰두하는 기업은 업계에서 승자가 될 것이고 자신의 업무에 집중하는 대학교수나 강사는 항상 일거리가 부족하지 않을 겁니다. 열정적으로 일하는 태도가 종교의 가르침과 합쳐지면 당신이 바라는 영적 결과와 현실적인 결과를 둘 다 얻게 될 것입니다.

성경은 이 점을 강조합니다. 즉, 당신이 더 나은 인생을 원한다면 자신의 업무를 더 잘할 수 있도록 배우고, 열심을 다해 일하고, 경쟁력을 갖추고, 헌신된 일꾼이 되고, 진정으로 마음을 다해 일하라는 것입니다.

> 무슨 일을 하든지 사람에게 하듯이 하지 말고, 주님께 하듯이 진심으로 하십시오. (골로새서 3:23)

　우리는 헌신을 열정이라고 부를 수도 있습니다. 나폴레옹 힐은 열정이야말로 남성이든 여성이든 위대한 발견과 위대한 성취로 이끄는 원동력이라고 말했습니다. 성취를 이룬 자들은 목표를 이루고야 말겠다는, 일에 대한 깊은 열정이 있었습니다. 그들은 개인적인 뜨거운 열정을 가지고 있었을 뿐만 아니라 주변 사람들과 자신의 팀 동료들이 어떤 상황 속에서도 열정적이 되도록 영향력을 미칩니다. 그러니 성공하고 싶다면 당신이 이루려는 목표를 사랑하는 방법을 배우고 주변 사람들에게도 뜨거운 열정을 심어주세요. 살아가면서 열정을 가슴속에 품는 방법을 배우세요. 열정의 영향은 주변으로 퍼지고 동시에 열정의 결핍도 주변으로 전염된다는 사실을 항상 잊지 마세요.

　'헌신'이라는 말 속에는 끈기와 노력이 들어 있습니다. 솔로몬 왕은 "아침에 씨를 뿌리고, 저녁에도 부지런히 일하여라. 어떤 것이 잘 될지, 이것이 잘 될지 저것이 잘 될지, 아니면 둘 다 잘 될지를, 알 수 없기 때문이다"(전도서 11:6)라고 말합니다. 또한, 솔로몬 왕은 "소가 없으면 구유는 깨끗하지만, 소가 힘을 쓰면 소출이 많아진다"(잠언 14:4)라고 말합니다. 이 말은 무슨 뜻일까요? 솔로몬 왕은 더 열심히 일하면 더 많은 결과물을 얻는다고 설명합니다. 생산 현장은 비워둬도 괜찮아 보이지만 빈 공간을 채워야만 생산성이 올라갑니다. 더 많이 생산하려면 초기에 뭔가를 투자하고 투입해야 합니다. 농사에서 소를 부리는 것은 분명히 힘든 일이지만 그만큼 보람이 있습니다.

게다가 솔로몬 왕은 도구를 적절하게 사용하면 생산성이 올라갈 것이라고 말합니다. 당신이 농장과 소를 소유하고 있다면 소에게 많은 작업을 시키게 될 것입니다. 당신은 소를 정성껏 보살피고 먹이를 주고 물을 주고 소들의 축사를 깨끗이 청소하고 유지해야 합니다. 소는 해야 할 농장 일이 더 많아질 겁니다. 즉, 소는 당신의 작업에 큰 도움을 줘 당신은 더 많은 수확을 올릴 수 있습니다. 소득을 늘리려면 더 똑똑하고 효율적으로 일해야 합니다. 그렇게 일하면 당신이 만들어낸 물건에는 부가적인 가치가 더해질 것입니다.

쾌적하고 깔끔한 공간에서 모험하지 않고 더 안락하게 일하고 싶어 하는 직업인들도 있습니다. 이런 경향이 잘못된 건 아니지만 업무 성숙도 부족과 성공 미달로 이어질 수도 있습니다.

당신은 어느 부류입니까? 소처럼 더 많이 일하는 것을 거부하는 쪽인가요? 그렇게 하면 풍성한 수확을 거둘 수 있나요? (아마 결과는 그렇지 않을 겁니다.) 반대로 더 나은 인생을 위해 용기를 내 많은 일을 기꺼이 감수하고 노력하는 쪽인가요? 더 풍성한 수확과 더 많은 월급을 받아 인생을 즐기기 위해서인가요? 그렇다면 당신의 인생을 생산적으로 만들어줄 장비, 프로그램, 도구는 무엇인가요? 당신이 생각해보지 않은 도구들이 있을 수도 있습니다. 직업인으로서의 당신의 '창고'에는 무엇이 들어 있나요? 그 창고는 깔끔하게 정리되어 있어야 합니다. 생산성 부족으로 인해 창고가 비어 있으면 절대 안 됩니다.

♦ 인내 ♦

> 도끼가 무딘데도 그 날을 갈지 않고 쓰면, 힘이 더 든다. 그러나 지혜는 사람을 성공하도록 돕는다. (전도서 10:10)

일을 잘하기 위해서는 기본적으로 인내가 필요합니다. 인내 속에는 태도, 마음 상태, 목표를 이루겠다는 의지가 들어 있기 때문입니다. 로마 제국을 정복한 카르타고(Carthago)의 장군 한니발(Hannibal)은 엄청난 인내심을 보여주었습니다. 하루는 그가 부하에게 이렇게 말한 것으로 기록되어 있습니다. "나는 새로운 길을 찾아내거나 없는 길을 새로 만들 것이다." 남미 속담에 "바람이 안 불어 배가 앞으로 나아가지 않는다면 손으로 직접 노를 저어라"라는 말이 있습니다. 전도서 10:10에서는 이렇게 말합니다. "도끼가 무딘데도 그 날을 갈지 않고 쓰면, 힘이 더 든다. 그러나 지혜는 사람을 성공하도록 돕는다."

당신이 가진 도끼날이 무디거나 당신이 한 일의 결과가 좋지 않다면 두 가지 선택이 있습니다. 지금보다 더 노력하거나 더 날카로워지는 것입니다. 시험에 떨어지거나 제품을 판매할 수 없는 경우 당신은 도끼를 너무 세게 쳐 기진맥진한 것인지도 모릅니다. 도끼날을 가는 것이 세게 도끼질하는 것보다 현명합니다. 이것은 하루에 72그루 나무를 베는 기록을 깨고 싶어 했던 강인한 나무꾼 이야기에 잘 나와 있습니다. 첫날 시도에서 그는 70그루를 베었습니다.

이튿날 그는 더 일찍 일어나 열심히 일했지만 68그루를 베었습니다. 셋째 날은 더 일찍 일어나 열심히 일했지만 60그루를 베는 데 그쳤습니다. 낙심한 그는 잠시 앉아 쉬고 있었습니다. 그때 그 나무꾼보다 경험이 많은 한 노인 나무꾼이 그 젊은이를 안타까워하며 옆에 다가와 물었습니다. "얘야! 도끼날을 가는 데 시간을 얼마나 썼느냐?"

도끼는 많이 쓸수록 날이 무뎌지고 작업효능도 떨어집니다. 도끼날을 갈지 말지 판단하세요. 당신이 하는 작업의 생산성이 정상 수준이라도 더 향상시킬 여지는 항상 있습니다. 현재 상태에 만족하지 마세요. 생산성은 언제든 올릴 수 있습니다. 그러면 당신과 모든 주변 사람의 인생은 더 풍요로워질 것입니다.

도끼날을 가는 행동을 선택하세요. 당신이 더 적절한 조건이나 더 좋은 도구가 결여되어 있다면 최선의 시나리오는 기껏해야 더 많은 노력과 에너지를 기울여 더 열심히 일하는 것밖에는 없습니다. 많은 사람이 자신은 일을 잘하고 있는데도 인정받지 못한다고 불평합니다. 그들의 직장 상사들은 그들을 가치 있는 사람으로 여기지 않고 또 다른 사람들은 그들을 조롱하거나 일하는 것을 방해합니다.

루벤스에게도 그런 일이 일어났습니다.

저는 힘든 삶을 살았어요. 부모님은 훌륭한 분들이셨지만 최저임금을 받으며 6명의 자녀를 키우셨죠. 저희는 극도로 가난했어요. 저는 고등학교 2학년 때까지 공립학교에서 공부했어요. 고등학교 3학년 때 형이 하사가 되어 고등학교 마지막 학비를 내기로 결정했습니다. 이 고급 사립학교에서 저는 끊임없이 괴롭힘을 당했습니다. 사람들은 저를 욕했고 저는 어떤 대학에도 합격하지 못할 것이라는 생각에 공부를 계속하지 못했습니다. 하지만 입시에서 좋은 성적을 거뒀고 사관학교에 진학하기로 결심했지만 계속 낙담했습니다. 수영을 못해서 몇 번이나 익사할 뻔했지만 포기하지 않았어요. 졸업 후 보병으로 복무하던 저는 혹독한 비난에도 불구하고 군 기관의 공과대학에 지원하기로 결심했습니다. 결국 합격했습니다.

졸업 후 브라질 연방은행(중앙은행)에서 분석가로 일하는 공무원이 되기로 결심했을 때 저는 에이커 주에 있는 브라질 육군대위로 복무하고 있었습니다. 브라질에서 공무원이 되려면 까다로운 공무원 시험을 통과해야 합니다. 시험을 준비하는 동안 임신한 아내가 임신중독증으로 고생했습니다. 아내와 아이가 위험에 처한 상황에서도 제대로 된 책이나 수단 없이 시험을 통과하고 중앙은행에 입사했습니다.

분석가로서 저는 열심히 공부하는 동기에 대해 의문을 제기하는 동료들을 상대해야 했습니다. 그들의 눈에 저는 이미 공무원이었고 해고될 수도 없는 상황이었는데, 제가 더 이상 무엇을 바라겠습니까? 인정? 애널리스트로 일하면서 박사학위를 받았는데, 제 논문이 일상 업무와 무관하다는 이유로 비난을 받는 경우가 대부분이었어요. 이 모든 것을 극복해야 했지만 그만한 가치가 있었습니다. 제 논문은 공공 정책 분야에서 그 중요성을 인정받아 브라질 정부로부터 상을 받았습니다. 이 논문은 국내뿐만 아니라 해외에서도 출판되어 인정을 받았습니다.

사람들은 저를 믿지 않았지만 저는 제 자신을 믿고 계속 전진했습니다. 누군가 저를 깎아내리려 할 때 저는 실수를 최소화하기 위해 열심히 일하고 세세한 부분까지 주의를 기울여 대응했습니다. 저는 주변 사람들, 심지어 믿지 않는 사람들까지 돕기를 멈추지 않았습니다. 꿈속에서요. 언젠가 제때가 올 줄 알았어요. 저는 하나님을 믿었지만 신용 부족, 무례, 굴욕, 박해, 명성 부족, 가난이라는 장애물을 극복해야 했습니다. 저는 포기하는 자에게는 승리가 없다고 믿습니다. 인내하는 사람만이 인생에서 성공할 수 있습니다.

앞길이 보이지 않을 때는 지능보다 끈기가 더 중요합니다. 희망과 믿음, 그리고 도전을 극복하기 위해 취한 조치 등 제 인생 이

야기에서 확인할 수 있습니다. 성공하기 위해서라면 모든 것을
다시 할 것입니다.

브라질 영화 〈엘리트 스쿼드(Elite Squad)〉에 등장하는 유명한 대
사가 있습니다. 이 영화는 리우데자네이루 경찰 소속 특수작전 부
대를 다룹니다. "해낼 수 없으면 탈출하라!" 이 부대에는 힘든 훈
련을 불평하는 자들에게 자주 해주는 재미있는 표현도 있습니다.
"너는 이곳이 지옥이라는 걸 알고 있었어. 그런데도 네가 원해서
왔잖아." 전문가의 성공도 이와 비슷합니다. 힘들어 때로는 탈출
하고 싶지만 그럼에도 끝까지 싸우는 사람들만이 자신의 꿈을 이
룹니다.

마태복음 7:8에는 "구하는 사람마다 얻을 것이요, 찾는 사람마다 찾
을 것이요, 문을 두드리는 사람에게 열어주실 것이다"라고 나와 있습
니다. 그것이 인내입니다. 도끼날을 갈지 못했다면 나무가 쪼개질
때까지 더 세게 치세요.

**비관주의자는 바람을 불평하고 낙관주의자는 바람이 바뀌길 바라
고 현실주의자는 돛을 내리기로 한다.** (윌리엄 아서 워드)

용기의 원칙

재난을 당할 때에 낙심하는 것은, 너의 힘이 약하다는 것을 드러
내는 것이다. (잠언 24:10)

'용기의 원칙'은 자신의 앞길에 놓인 위험을 기꺼이 감수하겠다
는 의지를 말합니다. 용기가 부족한 하인이 주인에게서 받은 돈
을 투자하지 않아 해고를 당한 이야기가 성경에 나옵니다(마태복음
25:14-30). 이 이야기에서 예수님은 "어떤 사람이 여행을 떠나면서, 자
기 종들을 불러서, 자기의 재산을 그들에게 맡겼다"(마태복음 25:14)라고
합니다.

하인 중 한 명에게는 금이 든 가방 다섯 개(1년 치 급여), 다른 하인
에게는 가방 두 개, 또 다른 하인에게는 가방 한 개를 주었습니다.
그는 하인들의 능력에 따라 금을 나눠 주었습니다. 금이 든 가방

다섯 개를 받은 하인은 그 가방을 받자마자 금을 밑천 삼아 장사를 벌여 금이 든 가방 다섯 개만큼의 돈을 더 벌었습니다. 마찬가지로 가방 두 개를 받은 하인도 금이 든 가방 두 개만큼의 돈을 더 벌었습니다. 하지만 가방을 한 개만 받은 하인은 땅에 구멍을 파고 거기에 주인이 준 가방을 숨겼습니다(마태복음 25:18).

얼마 후 주인이 돌아와 하인을 불렀습니다. 첫 두 하인은 게으르지 않았고 돈을 더 벌 기회를 놓치지 않아 주인의 칭찬을 받았지만 두려움과 불안감에 돈을 숨긴 세 번째 하인은 아무 수익도 올리지 못했습니다. 물론 그 가방의 주인인 하인은 전혀 만족하지 못했습니다. 그는 금이 든 자신의 가방을 주인에게 다시 빼앗기고 말았습니다. 주인은 그의 게으름을 비난하며 "그렇다면 너는 내 돈을 돈놀이하는 사람에게 맡겼어야 했다. 그랬더라면, 내가 와서, 내 돈에 이자를 붙여 받았을 것이다"(마태복음 25:27)라고 말했습니다. 겁에 질린 그 하인은 그에게 맡겨진 돈을 투자해 수익을 올릴 기회를 날려버린 것입니다.

모든 투자에는 전략적 분석이 필요하며 내재한 위험도 수반합니다. 많은 사람이 투자할 때 대담하지 못하고 주저합니다. 우리가 투자할 때 무책임하리만큼 대담할 수도 없지만 게으르거나 무지하거나 현재 상황에 안주하는 것처럼 보일 정도로 지나치게 신중할 수도 없습니다.

니콜로 마키아벨리(Niccolò Machiavelli)는 자신의 고전 『군주론(The Prince)』에서 이렇게 말합니다.

군주는 짐승처럼 행동하는 법을 잘 알아야 하므로 여우와 사자를 닮아야 한다. 사자는 사냥꾼이 몰래 설치해놓은 덫으로부터 안전할 수 없고 여우는 늑대들로부터 자신을 보호할 수 없기 때문이다. 그러므로 군주는 덫을 인지하는 여우가 되어야 하고 늑대들을 놀래키는 사자가 되어야 한다.

마키아벨리는 군주는 자신의 특성을 이용해 신중하거나 대담해야만 성공할 수 있다고 조언합니다. 용맹한 사자처럼 대담해야 할 때가 있고 꾀 많은 여우처럼 신중해야 할 때가 있는 법입니다.

우리는 더 이상 앞으로 나아가지 못한 채 현재 가진 돈이나 재능(기술)으로 이익을 내겠다고 결심한 용기 없는 사람들을 알고 있습니다. 결과적으로 그들은 모든 것을 묻어버리고 맙니다. 얼마나 큰 낭비인가요!

당신이 얼마나 큰돈을 가지고 있는지에 관심 갖기보다는 그 돈으로 당신이 얼마나 성장하고 번성할 수 있는지에 집중하시기 바랍니다. 하지만 자신의 한계를 초과하거나 무모한 행동을 한다면 그런 대담함은 정당화될 수 없습니다. 재능과 돈 둘 다 잘 관리하기 위해 지혜와 절제를 추구해야 합니다.

♦ 주도권 ♦

덕이 있는 여자는 존경을 받고, 부지런한 남자는 재물을 얻는다.

(잠언 11:16)

용기는 주도권도 뜻합니다. 하루는 소년 다윗이 거인 골리앗에 맞서게 되었습니다. 그는 주도권을 발휘했습니다. 기다리지 않고 과감히 선제공격을 가한 것입니다(사무엘상 17:48). 주도권을 발휘하는 사람에게는 큰 이익이나 혜택이 따라옵니다. 알 리스(Al Ries)와 잭 트라우트(Jack Trout)는 **"최초가 되는 것이 더 잘하는 것보다 낫다"**라고 『마케팅의 22가지 불변의 법칙(The 22 Immutable Laws of Marketing)』에서 주장했습니다.

용기와 담대함은 부를 가져오지만 친절은 존경을 더해줍니다. "덕이 있는 여자는 존경을 받고, 부지런한 남자는 재물을 얻는다"(잠언 11:16). 존경과 부, 둘 다 얻을 수 있습니다. 대담한 아이디어와 실행, 상냥한 태도, 둘 다 필요합니다. 이 개념은 라틴어 문구 "태도는 부드럽게, 행동은 단호하게(Suaviter in modo, fortiter in re)"로 표현됩니다.

♦ 계산된 위험 ♦

구덩이를 파는 자는 거기에 빠질 수가 있고, 담을 허무는 자는 뱀에게 물릴 수가 있다. 돌을 떠내는 자는 돌에 다칠 수가 있고, 나무를 패는 자는 나무에 다칠 수가 있다. (전도서 10:8-9)

전도서 10:8-9에서 솔로몬 왕은 구덩이를 파고 벽을 부수는 것은 위험한 작업이라고 지적합니다. 그러나 문제가 생길 가능성이 크더라도 일부 위험은 감수할 만한 가치가 있습니다. **"짜증을 피하고 싶다면 사업을 하지 말라."**

무거운 돌덩이를 나르는 작업자는 다칠 수 있다고 성경은 경고합니다. 그러나 보다 튼튼한 집이나, 장벽 그리고 다리를 짓고 싶다면 효과 좋은 재료로 밀집이나 모래보다 돌을 사용하는 것이 좋습니다. 눈앞의 문제를 해결하려면 노력이 필요합니다. 사업체를 소유하면 문제가 생기고 시험을 치거나 대학을 다니면 머리가 아플 것입니다. 작은 것을 만들 때보다 큰 것을 만들 때 더 많은 돌이 필요합니다.

'작은 돼지 세 마리' 이야기를 떠올려보는 것도 좋습니다. 몸집이 큰 나쁜 늑대에게 잡아먹히지 않은 유일한 돼지는 가장 많이 고생해 벽돌집을 지은 돼지였습니다. 나무를 패는 사람은 다칠 위험을 감수해야만 그 작업이 끝나고 불을 지필 수 있습니다.

다음 이야기를 읽어보세요.

제 책 『고시와 시험에서 합격하는 법(How to Pass Tests and Public

Examinations)』을 처음 출간할 때 저는 위험을 감수했습니다. 아무도 출판하고 싶어 하지 않았고 잘 팔릴 거라고도 생각하지 않았습니다. 하지만 저는 잘 될 것으로 생각하고 제 책에 대한 믿음을 갖고 출간을 결정했습니다. 저는 끝까지 믿음을 버리지 않았고 결국 하나님은 제게 축복을 내리셨습니다. 돌발적인 사고 가능성에 대한 모든 예방조치를 취하고 대출을 받아 책을 출간했습니다. 다시 말하지만 저는 충동적으로 행동하지 않았습니다. 제 미래에 예상되는 위험까지 계산했습니다. 이 책은 지금까지 20만 부 이상 판매되었고 저는 은행 빚을 모두 갚고 다른 금융소득까지 올렸습니다.

계산된 미래의 위험을 감수하지 않는 것이 감수하는 것보다 위험할 수 있습니다. "절벽에서 두 번 뛰어내리는 사람은 없다"라고 누군가 말했습니다. 랄프 월도 에머슨(Ralph Waldo Emerson)은 "얇은 얼음판 위에서 스케이트를 탈 때 우리의 안전은 속도에 달려 있다"라고 말했습니다. 그러나 조심성 없는 대담함은 미친 짓입니다. 위험을 감수한다는 말은 맹목적으로 뛰어든다는 뜻이 아닙니다. 용기, 지혜, 계획을 철저히 모두 갖추고 위험을 감수하는 것입니다. 적절히 주의만 하면 위험은 기회로 바꿀 수 있습니다. 우리는 성경에 등장하는 제사장 에스라에게 위험을 감수하라고 말한 사람들이 되어야 합니다. 그들은 이렇게 말했습니다. "용기 있게 밀고 나가십시오"(에스라 10:4).

팔다리도 없이 태어난 호주의 기업가이자 설교자인 패널리스트인 닉 부이치치(Nick Vujicic)는 자신의 저서 『한계 없는 삶(Life Without Limits)』에서 비슷한 주장을 합니다. 그는 어이없는 모험(준비된 위험)과 어리석은 모험(고려하는 것조차 미친 짓으로 보이는)을 구분하면서 이렇게 말합니다. "당신이 얻을 수 있는 수준 이상으로 잃을 수도 있는 위험을 절대로 감수하면 안 됩니다. 그러나 어이없는 모험은 실제보다 더 미친 짓처럼 들리고 보일 때 모험을 감행하는 것입니다."

그렇게 할 수 있는 이유는 다음과 같습니다.

① 당신은 준비되어 있습니다.
② 위험을 최소로 줄였습니다.
③ 일이 잘못되었을 때 그 대비책이 있습니다.

당신이 소매를 걷어 올리고 작업에 착수하면 돌과 땔감 나무를 얻을 수 있습니다. 다치는 위험을 당신이 감수하지 않으면 아무것도 얻지 못합니다. 어느 쪽을 택할 건가요?

삶은 그가 가진 용기만큼 쪼그라들기도 하고 확장되기도 한다. (아나이스 닌)

이 말은 당신의 삶이 당신이 가진 용기에 따라 좁아지거나 넓어질 수 있다는 것을 의미합니다. 용기를 내 위험을 감수하고 새로운 도전을 받아들일 때 당신의 삶은 더 풍성해지고 확장됩니다. 반면에 두려움에 굴복하고 안전지대에만 머물러 있다면 당신의 삶은 점점 더 좁아지고 제한될 수 있습니다.

용기의 원칙을 실천하는 것은 쉽지 않을 수 있습니다. 그러나 이 원칙을 따르면 당신은 더 많은 기회를 얻고, 더 큰 성장을 이룰 수 있습니다. 물론 모든 위험을 무모하게 감수해야 한다는 뜻은 아닙니다. 지혜롭게 계산된 위험을 감수하고, 실패의 가능성도 인정하면서 전진해 나가는 것이 중요합니다.

때로 실패할 수도 있습니다. 그러나 그 실패로부터 배우고 다시 일어설 수 있는 용기가 있다면 그 실패는 당신을 더 강하게 만들어줄 것입니다. 성경의 많은 인물들도 위험을 감수하고 용기를 내 행동했을 때 큰 성취를 이루었습니다.

결론적으로 용기의 원칙은 다음과 같은 교훈을 줍니다.

① 두려움에 굴복하지 말고 기회를 포착하라.
② 지혜롭게 계산된 위험을 감수하라.
③ 실패를 두려워하지 말고, 그것으로부터 배우라.
④ 주도권을 가지고 행동하라.
⑤ 당신의 믿음과 능력을 신뢰하라.

이러한 태도로 삶에 임한다면 더 큰 성공과 성취를 이룰 수 있을 것입니다. 용기는 단순히 두려움이 없는 상태가 아니라 두려움에도 불구하고 행동하는 능력입니다. 그러므로 매일 작은 용기부터 시작하여 점차 더 큰 도전에 맞설 수 있는 용기를 키워나가야합니다.

당신의 삶에서 용기의 원칙을 어떻게 적용할 수 있을까요? 어떤 영역에서 더 용기를 내 행동해야 할까요? 스스로에게 이러한 질문들을 던져보면서 용기의 원칙을 실천하는 삶을 살아갈 수 있기를 바랍니다.

CHAPTER 8

회복탄력성의 원칙

이기는 사람, 곧 내 일을 끝까지 지키는 사람에게는, 민족들을 다 스리는 권세를 주겠다. (요한계시록 2:26)

요한계시록 2:26에서는 엄청난 시련을 이겨낸 자에게 권한이 주어질 것이라고 말합니다. 권력, 성공, 부…. 이 모든 것을 우승자에게 보상으로 줍니다. 물론 이 성경 구절은 직업의 영역에 대해 말하는 것이 아니라 신앙과 구원에 대해 말하고 있다는 점을 명확히 할 필요가 있습니다. 이 말씀은 또한 게임은 플레이되어야 하고 일은 행해져야 하고 위험은 감수되어야만 비로소 승리를 거둘 수 있다는 회복탄력성의 원칙과 같은 맥락 안에서 비유적으로 인용한 것입니다.

게임을 플레이하고 어려운 일을 처리하는 능력은 훌륭한 선수들에게 내재되어 있는 자질입니다. 치열한 경쟁이 벌어지는 이 사회에서 역경지수(AQ)가 높을수록 채용 가능성도 커집니다. 역경지수는 미국 경제학자 폴 스톨츠(Paul Sztorc)가 10만 명 이상을 인터뷰해 왜 어떤 사람들은 일을 끝까지 해내고 어떤 사람들은 해내지 못하는지 이해하기 위해 개발한 자료입니다. 차갑고 이성적인 지능지수(IQ)보다 의미 있고, 정서지수(EQ)의 심리학적 평가보다 효율적인 역경지수는 인내가 재능보다 중요한 이유를 설명해줍니다.

스톨츠의 연구에 의하면 인간은 등반자(Climbers), 캠핑하는 사람(Campers), 포기자(Quitters) 세 전문가 집단으로 나뉩니다. 등반자는 도전할 거리를 찾는 사람들로 남들로부터 무시당하는 것을 거부합니다. 포기자는 위험을 회피하고 안전한 장소만 찾는 사람들입니다. 캠핑하고 있는 사람은 등반자와 포기자 중간에 위치하며 위험이 닥치면 벽을 기대고 주저앉는 경향이 있습니다.

역경지수는 역경에 맞서는 사람들의 대처법을 평가하는 기법으로 개발되었습니다. 역경지수가 높은 사람들은 문제가 생겼을 때 남 탓을 하지 않습니다. 그들은 책임지는 법을 알고 있습니다. 그들은 좌절을 장애물로 여기지 않습니다. 모든 문제는 그들의 개인적인 성향 때문이 아니라 어쩔 수 없는 상황 때문에 발생한다는 사실을 받아들입니다.

회복탄력성의 원칙은 역경에 대처하는 법을 정확히 알아내는 것입니다. 회복 탄력성은 압력에 대처하는 능력입니다. 이 용어는 물리학에서 왔으며 압력이나 고통을 받아도 깨지지 않고 에너지를 축적하는 속성을 나타냅니다. 두 발로 푹신한 양탄자를 밟았을 때 바닥이 압축되자마자 다시 원상태로 돌아가는 것이 그 예입니다.

시험에 합격하거나 경주에서 이기려면 어려움을 극복하고 목표 지점에 도달할 때까지 인내해야 합니다. 이것이 역경을 극복하는 방법입니다. 남보다 더 능력 있고 더 많이 배운 사람일지라도 계속 노력하는 데 실패하면 결국 포기하게 될 것입니다. **"시험에 합격하고 싶다면 합격할 만큼만 공부하지 말고 그보다 훨씬 더 많이 공부해야만 한다"**라는 브라질 속담이 있습니다. 일반적으로 인내는 돈을 버는 능력이나 지능보다 중요합니다.

역경 대처법은 향상시킬 수 있는 기술입니다. 성경에도 회복 탄력성의 좋은 예가 나와 있습니다. 다윗 왕은 "내가 비록 죽음의 그늘 골짜기로 다닐지라도, 주님께서 나와 함께 계시고, 주님의 막대기와 지팡이로 나를 보살펴 주시니, 내게는 두려움이 없습니다"(시편 23:4)라고 말합니다. 한 어두운 골짜기에 다다르든, 어떤 문제에 직면하든 절망하지 말고 용기를 가지고 인내하며 자신 있게 가능성, 승리, 희망의 비전을 가지라고 성경은 가르칩니다. 다윗은 곰, 사자, 거인에 맞서 싸운 훌륭한 등반자였습니다. 다윗은 자신이 장애물을 극복할 것이라는 믿음이 있었습니다. 다윗의 예에서 어려움을 극복하는 영감을 얻기 바랍니다.

♦ 실수로부터 배우기 ♦

여러분은 믿음의 시련이 인내를 낳는다는 것을 알고 있습니다. 여러분은 인내력을 충분히 발휘하여, 조금도 부족함이 없이 완전하고 성숙한 사람이 되십시오. (야고보서 1:3-4)

문제와 역경에 직면하면 패배, 좌절, 실패를 경험할 수 있습니다. 그중 일부는 당신이 저지른 실수에서 비롯되지 않은 단지 게임의 일부일 수도 있습니다. 우리가 당한 모든 패배가 우리가 한 행동과 관련이 있진 않겠지만 그럼에도 우리가 다르게 행동할 수 있었는지, 그리고 향후 어떻게 더 잘 준비할 수 있는지 알아보는 것이 항상 중요합니다. 눈부시게 기술이 발전하고 급속한 세계화가 진행되면서 세상은 빠르게 변하고 있습니다. 우리도 그에 맞춰 뒤처지지 말고 발전해 나아가야 합니다.

실패를 겪으면 어떤 사람은 불평하고 어떤 사람은 겸허히 그 실패로부터 교훈을 얻습니다. 클라우스 몰러(Claus Moller)는 **"변화의 바람이 불어올 때 어떤 사람은 피난처를 지어 자신이 안전하다고 느끼고 어떤 사람은 풍차를 짓고 부자가 된다"**라고 말합니다. 문제에 직면했을 때 배우겠다는 용기를 내는 것이 경쟁력 있는 사람이 되는 길입니다.

위기, 패배, 사고는 기업과 개인이 겪게 되는 수많은 사건의 일부일 뿐입니다. 이런 상황에서 절망하면 안 되며 오히려 그것에서 교훈을 얻어야 합니다. 시인이자 철학자인 호라티우스(Horatio)는 "역경이 닥쳤을 때 비로소 번영하고 편했을 때 잠들어 있던 개인의 재능이 드러난다"라고 말합니다.

저 또한 담대하게 증언할 수 있습니다. 저의 경력은 무수한 실패 위에 세워진 것들입니다. 한걸음 더 나아가 제가 이룬 모든 것은 노력으로 이루어졌습니다. 저의 기업가 정신은 어려움에 대처하도록 해주었고 절대로 굴복하지 않았습니다. 일이 잘못되었을 때 어느 부분에서 잘못되었는지 원인을 찾기 위해 항상 노력했습니다. 그런 후에야 다시 시도했습니다. 저는 또다시 실패할지 모르지만 똑같은 이유로 실패하지는 않을 겁니다. 문제는 실수 그 자체가 아니라 같은 실수를 반복하는 것입니다.

인생의 여정에서 윌리엄 E. 데밍(W. E. Deming)의 PDCA(계획-실행-점검-조치) 주기를 따라 할 것을 권합니다. 그것은 계획을 세우고 실행하고 결과를 확인하고 첫 번째 시도가 실패하면 다음 시도에서 수정하는 것입니다. 이것은 정말 효과가 큽니다!

이것이 시스템이 작동하는 방식입니다. 계획을 세우고 시도해보세요. 그러고 나서 일이 잘못되었다면 어느 부분에서 실수했는지 찾아내고 더 좋은 방법으로 다시 시도하세요. 신경-언어 프로그래밍(NLP) 접근법은 우리가 무엇을 원하는지 알아야 하고 우리에게 오는 결과에 주의를 기울이고 좋은 결과를 얻을 때까지 시행착오를 겪더라도 유연한 태도를 가지라고 가르쳐줍니다. 유연성은 겸손의 또 다른 말입니다. 이것은 PDCA 주기가 주는 교훈과 똑같지만 다르게 표현된 것입니다.

우리가 패배로부터 얻은 교훈은 늘 꿈에 충실하고 긍정적인 태도를 유지하고 시행착오를 통해 배우면 아무리 많은 좌절과 실패를 경험하더라도 결국 승자가 된다는 것입니다. 그렇게 우리는 성공했습니다. 장애물을 극복하는 전략을 세울 것을 권합니다. 이르든 늦었든 당신은 꿈을 이루는 데 필요한 모든 것을 배우게 될 것입니다.

실패했다고 당신을 비난하거나 당신이 결국 해내지 못할 것이라는 말을 무시하세요. 그들은 부정적인 사람들입니다. 그들의 의도가 좋더라도, 좌절의 구렁텅이에서 당신을 구하기 위해 하는 말일지라도 그들의 말은 듣지 마세요. 당신과 같은 수준에서 꿈꾸는 사람들을 사귀거나 만나세요. 적어도 당신 앞길을 가로막지 않는 사람들과 함께해야 합니다. 당신을 비판하고 있지만 훌륭한 주장을 하는 사람이 있다면 한 발 물러나 그의 말 속에 어떤 진실이 숨어 있는지 그리고 내가 변화할 필요가 있는지 냉철하게 판단하세요. 맹목적으로 비관적인 사람들과는 거리를 두세요.

당신의 승리를 통해 얻게 될 결과물들은 일시적인 실패를 통해 받는 좌절보다 몇 배나 큰 보상을 가져올 것입니다. 그리고 문제나 위기에 직면하면 자신에게 항상 이렇게 물어보세요. "이 상황은 내게 무엇을 가르쳐주려고 하는 걸까?"

위대한 항해자들의 명성은 거친 폭풍우에 맞서 싸워 쟁취한 것입니

다. (에피쿠로스)

이 말은 중요한 교훈을 줍니다. 진정한 성공과 명성은 순탄한 길을 걸어서 얻어지는 것이 아니라 어려움과 도전을 극복하는 과정에서 얻어진다는 것입니다. 회복탄력성의 원칙은 바로 이런 태도를 강조합니다.

회복탄력성의 원칙을 실천하기 위해 우리는 다음과 같은 점들을 기억해야 합니다.

① **실패를 두려워하지 말라:** 실패는 성공으로 가는 과정의 일부입니다. 실패에서 배우고 더 강해지세요.

② **긍정적인 태도를 유지하라:** 어려운 상황에서도 희망을 잃지 마세요. 긍정적인 마인드 셋은 문제해결의 첫걸음입니다.

③ **지속적으로 학습하라:** 모든 경험에서 배울 점을 찾으세요. 특히 실패와 어려움에서 얻는 교훈은 매우 값집니다.

④ **유연성을 키워라:** 상황에 따라 계획을 조정할 줄 아는 능력은 매우 중요합니다. PDCA 주기를 활용하여 지속적으로 개선하세요.

⑤ **지지 네트워크를 구축하라:** 당신의 꿈을 지지하고 격려해줄 수 있는 사람들과 함께하세요. 부정적인 영향을 주는 사람들과는 거리를 두세요.

⑥ **장기적인 관점을 가져라:** 일시적인 좌절에 너무 연연하지 마세요. 큰 그림을 보고 장기적인 목표에 집중하세요.

⑦ **자기반성의 시간을 가져라:** 문제나 위기 상황에서 "이 상황이 나에게 무엇을 가르치려고 하는가?"라고 자문해보세요.

⑧ **건강한 스트레스 관리:** 스트레스를 완전히 피할 수는 없지만, 건강한 방식으로 관리하는 법을 배우세요.

⑨ **작은 승리를 축하하라:** 큰 목표를 향해 나아가는 과정에서 작은 성취도 인정하고 축하하세요. 이는 동기부여에 도움이 됩니다.

⑩ **영적·정신적 건강을 유지하라:** 명상, 기도, 또는 자신만의 성찰 시간을 가지세요. 이는 내적 평화와 힘을 유지하는 데 도움이 됩니다.

회복탄력성은 하루아침에 얻어지는 것이 아닙니다. 이는 지속적인 노력과 연습을 통해 개발되는 기술입니다. 어려움에 직면했을 때 피하려 하기보다는 그 상황을 통해 성장할 기회를 만드세요.

성경의 많은 인물들, 특히 다윗 왕과 같은 이들은 극심한 어려움을 겪었지만, 그들의 믿음과 인내로 인해 결국 승리를 거두었습니다. 이들의 이야기는 우리에게 영감을 주고, 어떤 상황에서도 희망을 잃지 않아야 한다는 것을 가르쳐줍니다.

결론적으로 회복탄력성의 원칙은 우리가 인생의 모든 도전과 어려움을 극복하고 성장할 수 있는 힘을 제공합니다. 이는 단순히 살아남는 것이 아니라 역경을 통해 더 강해지고 지혜로워지는 것을 의미합니다. 꿈을 향해 나아가는 과정에서 어려움은 피할 수 없겠지만, 회복탄력성을 갖추고 있다면 그 어떤 폭풍우도 당신을 꺾을 수 없을 것입니다.

기쁨의 원칙

무슨 일이든지, 불평과 시비를 하지 말고 하십시오. (빌립보서 2:14)

불평하면서 시간을 낭비하는 자들은 기쁨의 원칙의 놀라운 효과를 놓치고 맙니다. 성경에서는 "항상 기뻐하십시오"(데살로니가전서 5:16), "기뻐하십시오"(빌립보서 4:4)라고 분명히 말하고 있습니다. 모든 것에 감사하고 항상 기뻐하는 사람은 불평하지 않습니다.

무슨 일이 일어났는지, 무엇이 부족했는지, 무엇이 잘못되었는지, 누가 그들을 배신했는지 등 평생 불평만 하는 사람들이 있습니다. 그들은 자신들의 과거에 "상황 종료"라는 도장을 찍을 수 없는 사람들입니다. 그들은 역경으로부터 교훈을 얻어 앞으로 나아갈 능력이 없습니다. "인생이 당신에게 레몬을 주거든 그 레몬으로 레모네이드를 만들어라"라는 옛 속담이 있습니다.

감리교대학(Methodist University)의 엘레나 알베스 실바(Elena Alves Silva) 목사는 페르시아 왕국의 왕비 에스더(Esther)에 대해 다음과 같이 말합니다.

성경에 에스더의 삶을 묘사한 이야기가 있다. 어린 소녀였던 그녀는 부모가 돌아가신 후 삼촌 밑에서 자랐다. 그녀는 유대인이었고 고향에서 쫓겨나는 정신적 아픔을 겪었다. 에스더는 와스디(Vashti) 여왕이 왕의 부름에 응하지 않고 명령을 어겨 죽임을 당하자 대신 그 자리에 올라 여왕의 자리를 차지했다. 그녀가 살면서 겪은 모든 역경에도 불구하고 그녀는 유대인의 이야기에서 핵심적인 역할을 하여 영웅이 되었고 해방자가 되었다. 유대인들이 자신 앞에 엎드리고 꿇어 절하게 하고 싶었던 하만(Haman)이 조작한 음모에 걸려들어 유대인들의 목숨이 위태로운 상황이었다. 에스더가 왕에게 호소해 음모가 밝혀졌다. 그녀의 용기는 상황을 바꾸었고 그녀가 얼마나 강하고 진정한 용사인지를 보여주었다. 이 이야기의 마무리와 승리는 너무나도 멋지게 경축되었다. 이 경축의 전통은 현재까지도 유대인의 '행운의 날'인 부림(Purim) 축제에서 기리고 있다.

에스더 이야기와 성경에 등장하는 다른 강한 여성들의 이야기에서 우리는 다른 사람들이 우리에게 행한 일들에 대해 불평하는 것은 아무 소용도 없고 다만 우리가 그 상황을 변화시킬 수 있다는 것에 집중하는 것이 중요하다는 교훈을 얻을 수 있습니다.

열악한 환경에서도 항상 기쁨을 잃지 않은 놀라운 사례 중 하나는 야곱의 아들인 요셉의 이야기입니다.

요셉은 형제들의 질투를 받은 정신적 피해자로 노예로 팔려 이집트로 끌려갔다. 거기서 보디발(Potiphar)의 집에 들어가 그의 신임을 얻었다. 그러나 보디발의 아내는 다른 계획이 있었다. 그녀는 그 청년과 부적절한 관계를 갖기 원했다. 자신의 상사에게 충실했던 요셉은 그녀의 유혹을 거절한 대가로 허위고발을 당해 억울하게 감옥에 갇히고 말았다. 하지만 요셉이 자신의 신세를 한탄하거나 불평했다는 기록은 전혀 찾을 수가 없다. 감옥에서 오히려 그는 고귀하게 행동했으며 다른 사람들을 도왔다. 얼마 후 그는 석방되어 결국 7년간의 기근을 예언한 후 이집트 총리직에 올랐다.

그의 이야기는 창세기 37장부터 시작되는데 개인으로서도 전문가로서도 성공을 이룬 좋은 사례입니다.

하나님이 당신의 불행한 환경을 바꿔주지 않을 때는 당신을 변화시키려는 것이라는 말을 들어 보셨지요. 성경에 등장하는 요셉은 부당한 대우를 당하고 음모에 희생당한 피해자였지만 그는 자신의 윤리를 지켰고 다른 사람들을 돕고자 하는 의지를 잃지 않았습니다. 요셉은 항상 지혜를 구했고 경험을 쌓았으며 모두에게 긍정적인 인상을 주었습니다. 불평하는 대신 즉시 행동으로 옮겼고 불평하는 대신 배우는 데 정성을 쏟았습니다. 그의 운명이 바뀐 것은 하나님의 축복이었을 뿐만 아니라 그가 처한 불행한 환경에 그가 어떻게 대처했느냐에 따라 일어난 일이기도 합니다.

우리는 항상 불만을 터뜨리는 전문가와 함께 일하는 것이 얼마나 괴로운 것인지 잘 알고 있습니다. 당신 자신이 남들에게 그런 불쾌감을 주는 동료가 되지 않도록 노력하세요.

먼저 필요한 일부터 시작하고 나서 그 다음 가능한 일을 하다보면 어느덧 불가능한 일까지 이루게 됩니다. (아시시의 성 프란치스코)

이 말은 우리에게 중요한 교훈을 줍니다. 큰 목표나 어려운 상황에 직면했을 때 모든 것을 한 번에 해결하려고 하기보다는 작은 단계부터 시작하라는 것입니다. 이는 기쁨의 원칙과도 연결됩니다. 작은 성취에서 기쁨을 찾고, 그 기쁨을 동력 삼아 더 큰 목표를 향해 나아갈 수 있기 때문입니다.

기쁨의 원칙을 실천하기 위해 우리는 다음과 같은 점들을 기억해야 합니다.

① **감사하는 마음 갖기:** 매일 감사할 일을 찾아보세요. 작은 것에서부터 시작하세요.

② **긍정적인 관점 유지하기**: 어려운 상황에서도 배울 점이나 기회를 찾으세요.

③ **불평 대신 해결책 찾기**: 문제에 직면했을 때 불평하기보다는 해결책을 모색하세요.

④ **다른 사람 돕기**: 요셉처럼 자신의 상황이 어렵더라도 다른 사람을 돕는 것에서 기쁨을 찾으세요.

⑤ **작은 성취 축하하기**: 큰 목표를 향해 가는 과정에서 작은 진전도 인정하고 축하하세요.

⑥ **현재에 집중하기**: 과거의 불행에 매몰되지 말고, 현재 할 수 있는 일에 집중하세요.

⑦ **건강한 유머 감각 유지하기**: 때로는 자신의 상황을 웃어넘길 수 있는 여유도 필요합니다.

⑧ **영적 성장 추구하기**: 어려운 상황을 통해 자신의 성격과 영성이 성장할 수 있다는 것을 기억하세요.

⑨ **긍정적인 사람들과 교류하기**: 긍정적이고 기쁨을 나눌 수 있는 사람들과 시간을 보내세요.

⑩ **자신의 가치 인식하기**: 당신의 가치는 외부 환경이나 타인의 평가가 아닌, 내면에서 나온다는 것을 기억하세요.

기쁨의 원칙을 실천하는 것은 쉽지 않을 수 있습니다. 특히 어려운 상황에서는 더욱 그렇습니다. 하지만 이 원칙을 꾸준히 적용한다면 당신의 삶과 직장생활에 큰 변화를 가져올 수 있습니다.

불평 대신 기쁨을 선택함으로써 당신은 더 나은 동료, 더 효과적인 리더, 그리고 더 행복한 개인이 될 수 있습니다.

CHAPTER 10

재충전의 원칙

너희는 엿새 동안 일을 하고, 이렛날에는 쉬어야 한다. 그래야 너
희의 소와 나귀도 쉴 수 있을 것이며, 너희 여종의 아들과 몸붙여
사는 나그네도 숨을 돌릴 수 있을 것이다. (출애굽기 23:12)

정신적으로 충전하는 올바른 방법은 여가와 회복에 시간을 할
애하는 것입니다. 그러면 감정적·육체적 에너지를 상당히 높일
수 있습니다. 종종 우리는 이 재충전의 원리를 유용한 조언이 아
니라 우리를 제한하는 금기사항으로 받아들이는 경향이 있는데,
성경은 생산성을 높이는 가장 중요한 수단 중의 하나로 강력하게
추천하고 있습니다. 즉, 10계명에서 전하는 휴식할 권리를 말하고
있는 것입니다.

이탈리아 사회학자 도메니코 데 마시(Domenico De Masi)는 자신의

저서 『창의적 게으름(Creative Idleness)』에서 연구, 일, 놀이를 하나로 묶는 혁명적인 논문을 썼습니다. 자유롭게 생각할 수 있는 마음은 훌륭한 아이디어를 낳는 기름진 토양입니다. 데 마시의 주장에 의하면 여가, 사회적 교류, 게임은 기계적으로 일만 하는 습관을 막아줍니다. 의사들과 노동법도 유급 주말 휴식을 권장합니다. 이 휴식은 결근율을 줄이고 생산성을 높여줍니다.

수천 년 전 이 아이디어를 내신 분은 인간을 창조하시고 이 피조물을 더 잘 작동시키는 완벽한 방법을 아시는 분이십니다. 성경의 10계명에 휴식에 관한 규칙이 나옵니다. 즉, 6일간 일하고 하루 쉬는 것입니다(출애굽기 20:9-10). 이것을 '샤밧(Shabbat)'이라고 부릅니다. 레위기 25:20에는 재충전의 원칙이 땅에도 통한다고 나와 있습니다. 성경에서의 일정은 6년간의 농업 생산과 1년간 쉬는 해(안식년)로 이루어져 있습니다.

금기로 보이는 것이 사실 은총이자 자유를 주는 조언입니다. 샤밧은 히브리어로 일주일 중 일곱 번째 날로(출애굽기 20:8-11; 23:12) 유대교에서는 휴식을 위해 바쳐지는 날입니다. 오늘날에는 '안식일(Sabbath)'이라고 부릅니다. 안식일은 우리에게 루틴을 깨트리고 일상에서 신체적·감정적으로 회복하는 시간을 가져, 이때 삶을 최대한 즐기고 가족과 함께 시간을 보내면서 주중에 하는 일상적인 활동과는 다른 일들을 하도록 도전하고 있습니다.

루틴에서 벗어나지 않으면 사람들은 결국 피곤해지고 생산성과 일에 대한 동기부여도 점점 줄어들 것입니다. 6일간 일하고 하루 쉬는 것은 아주 단순한 아이디어입니다. 물론 6일간 일하고 나서도 직업적으로 더 잘하고 싶은 마음에 7일째에도 일하는 사람도 많습니다. 하지만 이런 예외가 계속되어 관행이 되면 결국 문제가 발생합니다.

열심히 일하되 무모하지 말고 휴식을 취하되 일로부터 게을러지거나 무책임해지지 말라고 성경에서는 조언합니다. 목표는 균형 잡히고 안정적인 생활을 유지하는 것입니다. 완벽한 생활의 균형을 달성하기 위해 당신이 잠든 밤에 하나님이 잠도 안 자고 야간근무를 서며 당신을 보살피고 있다는 것을 성경은 확신시켜줍니다. 당신이 자는 동안 하나님은 자연을 통해 일하고 계십니다.

> 일찍 일어나고 늦게 눕는 것, 먹고 살려고 애써 수고하는 모든 일이 헛된 일이다. 진실로 주님께서는, 사랑하시는 사람에게는 그가 잠을 자는 동안에도 복을 주신다. (시편 127:2)

당신이 자연에 맞서지만 않는다면 자연은 정해진 자연의 섭리대로 진행될 것입니다.

물리학 원칙에 의하면 인간은 충분히 자면 하루 동안 쌓인 피로에서 회복됨으로써 다음날 다시 업무 목표를 이루는 데 도움이 됩니다. 그러므로 당신이 단지 자연 원칙을 믿어서든 아니면 우리가 믿는 것처럼 자연 원칙을 만드신 더 높은 능력을 주시는 분을 믿어서든 안식은 당신에게 보상해줄 것입니다. 업무 생산성을 높이기 위해 야근하는 등 당신이 충분한 휴식을 취하지 않는 행동만 하지 않으면 됩니다. 우리가 잠자는 동안 근육은 회복되고 뇌는 하루 동안 쌓인 정보를 처리합니다. 신체가 필요로 하는 최소한의 수면을 취하지 않으면 회사 업무에서 실적을 달성하는 데 나쁜 영향을 미칠 것입니다.

앨버트 아인슈타인(Albert Einstein)은 하루 10시간 동안 자고 새로운 아이디어가 떠올랐을 때 1시간 더 자곤 했습니다. 레오나르도 다 빈치(Leonardo da Vinci)는 일찍 일어났지만 2시간마다 15분가량 낮잠을 즐겼습니다. 그는 이런 방법으로 정신과 몸이 회복된 상태에서 작업할 수 있었습니다.

저는 강연할 때 항상 '여가의 날'에 대해 이야기합니다. 요즘 이 조언을 충실히 실천한 사람들로부터 의사의 처방처럼 긍정적인 결과를 얻은 이메일과 편지를 많이 받고 있습니다. 많은 사람이 매주 하루 휴식을 취함으로써 더 높은 생산성을 올릴 수 있었습니다. 에너지가 다시 충전된 덕분에 양초 끝을 모두 태우지 않고도 작업 흐름을 이어갈 수 있었습니다.

충전의 원칙은 일주일 중 하루는 휴식을 취하라고 말하며 어느 요일이든 하루를 선택하라고 합니다. 이날 하루는 정해진 모든 업무를 멈추고 다른 것들을 합니다. 신실한 성도들은 교회에 가고, 또 다른 이들은 부모님과 식사를 하거나 친구나 친척 집을 방문하기도 합니다. 이날 하루는 컴퓨터를 끄고 평소 안 가본 장소를 갑니다. 영화를 보거나 해변이나 공원에 가기도 합니다. 불필요한 일을 하거나 당신이 즐기는 소소한 활동을 하며 시간을 보냅니다. 실제로 이날 하루만큼은 당신이 온전히 즐거울 수 있는 날입니다.

평소 자녀들을 자주 보지 못했거나 부모님을 찾아뵙지 못했거나 사랑하는 사람에게 충분한 관심을 쏟지 못한 것이 마음에 걸린다면 충전의 원칙이 그것을 상쇄시켜줍니다. 자녀들과 시간을 보내거나 부모님을 모시고 시간을 보내거나 남편이나 아내에게 신경 쓰는 등 다양한 방법으로 하루 시간을 활용할 수 있습니다.

적절한 안식일을 갖는 것이 항상 쉬운 것은 아닙니다. 매일 일만 하느라 몸에 익숙하지 않은 이날 하루를 의미 있게 보내려면 많은 훈련이 필요합니다! 경험상 가장 어려운 것 중 하나는 당신 마음속의 전원을 꺼두는 것입니다. 일, 사업, 학교시험, 일상적인 걱정거리들을 이날 하루 잠시 잊는 것은 큰일을 해내야 하는 사람들에게는 현실적으로 너무나 힘든 일이라는 것을 압니다. 이날 하루 일하지 않고 업무 자료를 읽지 않고 컴퓨터를 켜지 않도록 당신 자신을 훈련시키는 것은 상대적으로 쉽지만 일상의 걱정거리들을 생각하지 않기란 정말 어렵습니다. 이런 걱정거리를 잠시 잊을 수 있다면 이 휴일의 효과는 더 높을 것이며 당신의 컨디션은 훨씬 더 많이 회복되고 그에 따라 다음 주 회사에서의 업무 성과는 월등히 높을 것입니다.

✦ 충전하는 방법 ✦

안식일은 매주 반복되어 돌아오는 날이지만 다른 날들에도 영향을 미칠 수 있습니다. 영향을 미쳐야만 합니다. 하루 한 번이라도, 단 5분, 10분, 15분 만이라도 잠시 쉬어 가세요. 숨을 깊이 호흡하고 음악을 듣고 풍경을 감상하고 그림이나 예쁜 사진을 즐기세요. 당신이 지금까지 걸어온 인생을 한 번 되돌아보고 지금까지 해왔던 생활과 당신이 배운 모든 것들에 감사하고 지금 당신이 가진 것들에 감사하세요. 매일 당신에게 일어나는 좋은 일을 떠올려보고 매우 특별했던 순간을 생각해보세요. 걷기 등 육체적인 운동을 하면서 이런 습관을 매주 두세 번 실천해보세요.

일주일에 두세 번 운동하세요. 배우자, 친구, 개와 함께 걸을 수 있습니다. 좋아하는 음악을 들으며 달리거나 책을 읽으면서 실내에서 자전거를 타보세요. 신체활동은 천연 자극제이자 항우울제인 엔도르핀을 뇌에서 분비하게 합니다. 당신의 몸과 영혼의 기분이 좋아지게 해줍니다. 비만, 심장마비, 뇌졸중 예방에도 도움이 됩니다. 운동은 휴일에 할 수 있으며 일주일에 최소 한 번 이상은 해야 합니다.

한 달에 한 번 평소와 전혀 다른 하루를 보내세요. 그러려면 아마도 매주 쉬는 그날을 이 월례행사를 위해 사용하게 될 수도 있지만 평소 정해진 규칙적인 일상과 다른 뭔가를 한다면 그것도 괜찮습니다. 가본 적이 없는 근처 관광명소에 가족과 함께 가보세요. 리우데자네이루에 살면서 슈가로프(Sugarloaf) 케이블카를 타본 적도 없고 그 유명한 예수상[코르코바도(Corcovado)]에 올라가 본 적이 한 번도 없는 현지 주민들을 보면서 우리는 항상 놀랍니다. 가베아(Gávea) 천문대나 시내 동물원에조차 가본 적이 없는 주민 들도 있습니다. 이처럼 간단하고 돈이 많이 안 드는 여가활동들은 당신의 가족에게 매우 특별한 마법의 순간이 될 겁니다. 인생에서 가장 좋은 것들은 일반적으로 단순합니다.

1년에 한 번 보통 국경일이나 휴가 중에 상상력을 발휘해 전혀 다른 뭔가를 즐겨보세요. 모아둔 돈이 있다면 지금이 바로 보라보 라(Bora Bora) 섬에 가 즐길 때입니다. 돈이 문제라면 현지에서 이용 가능한 것만 즐기면 됩니다. 많은 사람들이 자신들이 가지지 못한 것에만 집중하느라 가진 것을 누리지도 못하고 갈 수 있는 곳도 가지 못하는 것을 보게 됩니다.

좀 더 창의적으로 무언가 재미있는 것을 생각해보세요. 어떤 사 람들은 파리(Paris)나 보라보라로의 여행을 동기로 열심히 공부하 고 일하려고 노력할 겁니다. 대개 이것은 효과가 있고 그곳에 도 착하면 정말 보람이 있을 겁니다. 또 다른 생각은 이런 휴일들을 단순히 집에만 머무는 데 쓰는 것입니다. 아무것도 안 하고 여행 을 떠나야 할 의무감이나 화려한 여행 프로그램 없이 며칠 동안 집에서 아무것도 안 하면서 시간을 보내는 것이 가장 재미있을 때 도 있습니다.

단순함이야말로 궁극적인 세련됨이다. (레오나르도 다 빈치)

이 명언은 재충전의 원칙을 잘 요약해줍니다. 우리는 때로 복잡하고 화려한 것을 추구하지만, 진정한 휴식과 재충전은 단순한 것에서 온다는 것을 기억해야 합니다.

재충전의 원칙을 실천하기 위해 우리는 다음과 같은 점들을 기억해야 합니다.

① **정기적인 휴식 시간 확보:** 매주 하루, 매일 몇 분이라도 휴식 시간을 가지세요.

② **다양한 활동 시도:** 일상에서 벗어나 새로운 경험을 해보세요.

③ **가족과 시간 보내기:** 사랑하는 사람들과 함께하는 시간은 최고의 재충전 방법입니다.

④ **신체 활동 유지:** 규칙적인 운동은 신체와 정신 건강에 모두 도움이 됩니다.

⑤ **마음의 휴식:** 일과 걱정거리에서 벗어나 마음을 쉬게 하는 연습을 하세요.

⑥ **감사하는 마음 갖기:** 매일의 작은 축복에 감사하며 삶을 즐기세요.

⑦ **창의적인 활동 즐기기:** 취미나 예술 활동을 통해 마음을 재충전하세요.

⑧ **자연과 교감하기:** 자연에서 시간을 보내며 에너지를 얻으세요.

⑨ **균형 잡힌 생활 유지:** 일과 휴식, 일상과 특별한 경험 사이의 균

형을 찾으세요.

⑩ **영적 성장 추구**: 명상, 기도, 또는 자아성찰을 통해 내적 평화를 찾으세요.

재충전의 원칙은 단순히 쉬는 것 이상의 의미를 가집니다. 이는 우리의 삶에 새로운 에너지와 창의성, 그리고 기쁨을 불어넣는 과정입니다. 이 원칙을 실천함으로써 우리는 더 생산적이고 만족스러운 삶을 살 수 있습니다. 또한 이는 신체적·정신적·영적 건강을 유지하는 데 필수적입니다.

성경이 말하는 안식일의 개념은 단순히 종교적 의무가 아니라 인간의 본질적인 필요를 반영하는 지혜로운 가르침입니다. 현대 사회에서 우리는 종종 끊임없이 생산성과 효율성을 추구하느라 이 중요한 원칙을 잊곤 합니다. 하지만 진정한 성공과 만족은 일과 휴식의 적절한 균형에서 온다는 것을 기억해야 합니다.

결론적으로 재충전의 원칙은 삶의 질을 높이고, 장기적으로 더 큰 성공을 이루는 데 필수적입니다. 이는 단순히 시간을 낭비하는 것이 아니라 더 나은 미래를 위해 투자하는 것입니다. 우리 모두가 이 원칙을 일상에 적용하여, 더 행복하고 건강하며 생산적인 삶을 살 수 있기를 바랍니다.

홍태호 대표님과의
특별한 대화

Q. 안녕하세요, 홍태호 대표님. 먼저 간단한 자기소개 부탁드립니다.

† 안녕하세요, 저는 홍태호입니다. 하나님이 제 삶을 이끄신 덕분에 지금의 제가 있음에 깊이 감사드리고 있습니다. 저는 캐나다에서 TS 그룹의 CEO로 일하며, 비즈니스와 하나님 나라의 확장을 위해 헌신하고 있습니다. 사실 저는 이 자리에 있을 자격이 없는 사람입니다. 과거에는 정말 많은 실수를 저질렀고, 인생의 방향을 잃고 방황했었습니다. 하나님의 은혜가 아니었다면 지금의 저도 존재하지 않았겠죠. 이제 제 삶은 하나님의 사명을 이루는 도구로 쓰임 받기 위해 헌신하고 있습니다.

Q. 대표님께 성경이란 어떤 의미인가요?

† 성경은 저에게 단순한 책 그 이상입니다. 많은 사람들이 성경을 '하나님의 말씀'이라고 부르는데, 저 역시 이 표현에 공감

합니다. 그런데 성경이 왜 '하나님의 말씀'일까요? 그것은 성경이 단순히 종교적 가르침을 전하는 것에 그치지 않고, 하나님이 우리 각자에게 보내주신 사랑의 편지이기 때문입니다. 성경을 읽을 때마다 저는 마치 하나님께서 직접 제게 말씀하시는 것처럼 느껴집니다. 그 안에는 제가 어떻게 살아야 할지, 어떻게 하나님을 더 사랑할 수 있을지에 대한 모든 답이 들어 있어요.

성경은 저를 위한 하나님의 인생 매뉴얼이자, 제가 인생을 살아가면서 길을 잃지 않도록 도와주는 나침반입니다. 저는 하나님의 사랑과 그분의 인도하심을 성경을 통해 매일 느끼고 배우며, 그것이야말로 제 인생의 가장 큰 축복이라 생각합니다.

Q. 대표님이 가장 존경하는 성경 인물은 누구인가요?

---

† 제가 가장 존경하는 성경 인물은 사도 바울입니다. 바울은 처음에는 예수님을 따르는 사람들을 박해하던 사람이었지만, 하나님의 은혜로 완전히 변화되어 복음을 전하는 사람으로 살았습니다. 그의 삶을 보면 하나님의 사랑이 얼마나 크고 무조건적인지를 깨닫게 됩니다. 사실 저 역시 과거에 방황하며 잘못된 길을 걸었습니다. 하지만 하나님께서 저를 포기하지 않으시고, 그분의 사랑으로 저를 이끌어주셨습니다. 바울의

삶에서 저는 제 자신의 모습을 발견하게 되고, 하나님이 주신 사랑을 더 깊이 깨닫게 됩니다.

Q. 대표님의 인생과 바울의 이야기가 닮아 있다고 느끼시나요?

✝ 물론, 제가 감히 바울과 저를 비교할 수는 없겠죠. 하지만 바울의 인생은 저에게 큰 도전을 주었고, 저 역시 그의 이야기를 통해 하나님의 사랑을 체험하게 됩니다. 바울은 지식과 율법에 의지하며 자기주장을 강하게 펼쳤던 사람이지만, 하나님께서 그의 삶을 변화시키셨죠. 저 역시 제 지식과 경험만을 믿고 세속적인 성공을 좇던 사람이었습니다. 하지만 하나님께서 저를 변화시키시고, 사랑으로 이끌어주신 덕분에 지금의 삶을 살아가고 있습니다. 바울이 체험했던 하나님의 사랑과 은혜가 저에게도 동일하게 느껴지는 것이, 어쩌면 그와 저를 잇는 연결고리일지도 모르겠습니다.

Q. 대표님의 인생에서 가장 큰 역경은 무엇이었나요?

✝ 저의 인생은 정말 역경의 연속이었습니다. 청소년기에는 집을 잃고, 길거리를 떠돌며 폭력적인 생활을 했습니다. 가족들

과도 관계가 끊어졌고, 저를 인정해주는 사람은 아무도 없었습니다. 심지어는 부모님께 버림받고, 사랑받지 못했다는 깊은 상처가 있었습니다. 그런 환경에서 살아남기 위해서는 강해져야 했고, 그 과정에서 저는 많은 실수를 저질렀습니다.

하지만 그 모든 역경 속에서도 하나님은 저와 함께하셨습니다. 하나님은 제가 가장 낮고 어두운 곳에 있을 때에도 저를 외면하지 않으셨습니다. 부모님에게 받은 상처로 인해 사랑에 대해 왜곡된 생각을 가지고 있었던 저를 하나님은 무조건적인 사랑으로 회복시켜 주셨습니다. 그분의 사랑을 통해 저는 부모님을 용서할 수 있었고, 더 나아가 진정한 사랑이 무엇인지 배울 수 있었습니다. 하나님께서 저에게 주신 가장 큰 은혜는 바로 이 '사랑의 회복'입니다.

Q. 대표님께 성공이란 무엇인가요?

✝ 저는 성공을 돈이나 명예로 정의하지 않습니다. 저에게 성공이란 하나님께서 이 땅에 세우고자 하시는 하나님 나라를 이루는 것입니다. 저는 비즈니스 세계에서 하나님 나라를 위해 일할 수 있다는 것 자체가 큰 축복이라고 생각합니다. 사람들은 종종 돈과 명예를 성공의 척도로 보지만, 저에게 있어 돈은 단지 하나님이 맡겨주신 자원을 어떻게 사용하느냐에 달

린 문제입니다. 진정한 성공은 내가 가진 것을 나누고, 하나님이 원하시는 방향으로 이끌어가는 것이라 믿습니다.

하나님 나라를 위해 헌신하는 삶이야말로 진정한 성공입니다. 저도 아직 완벽하지는 않지만, 매일 하나님께 의지하며 그분의 뜻에 따라 살아가려고 노력하고 있습니다. 제가 걸어가는 이 길이 바로 하나님께서 저를 통해 이루고자 하시는 그 길이라고 믿습니다.

PART 3

가치에 관한
원칙

자기고용의 원칙

스스로를 성실하다고 말하는 사람은 많으나, 누가 참으로 믿을 만
한 사람을 만날 수 있느냐? (잠언 20:6)

질문부터 해보겠습니다. 당신의 직원으로 당신을 고용하겠습
니까? 당신과 똑같은 사람이 당신과 함께 사업하길 바라나요? 당
신 자신을 잘 안다면 자신의 능력, 헌신도 등도 알고 있을 겁니다.
그러니 당신이 당신 자신을 고용하거나 사업 파트너가 되기를 바
라는지 곰곰이 생각해보세요. 이것이 자기고용의 원칙입니다.

즉시 대답하거나 바로 수용 가능한 대답은 하지 마세요. 이것
을 생각하고 자신에게 솔직하게 대답해보세요. 당신조차 당신 자
신을 고용하지 않는데, 어떻게 다른 사람이 당신을 고용할 것이라
기대할 수 있나요? 그 상태로 당신이 다른 사람과 일을 한다면 시

간이 흐르면서 점점 당신의 단점과 결함이 드러날 것입니다.

여가시간의 대부분을 TV 시청, 소셜 네트워크 둘러보기, 채팅방 참여 등에 할애하는 사람들이 많습니다. 부유하고 성공한 사람들을 연구해본 결과 자신의 전문 분야에서 탁월한 사람일수록 TV 시청 시간이 적었습니다.

정상에 오르려면 헌신과 준비가 필요하다는 것을 쉽게 알 수 있습니다. 성공하기는 어렵습니다. 성공한 상태를 유지하기는 더더욱 어렵습니다. 당신은 당신을 고용하는 데 필요한 헌신성과 균형을 갖추고 있나요?

저는 종종 사람들에게 일자리를 추천하지만 시간이 흐른 뒤 그들이 그 일을 계속하고 있지 않다는 것을 알게 됩니다. 일자리를 구하긴 했지만 제대로 일하지 않은 것입니다. 그들은 게으르고 업무에 부적합하고 조직에 적응하지 못했고 심지어 정직하지도 않습니다. 그들이 이렇게 일자리를 잃었다는 것에 당황스러웠습니다. 저는 저의 추천을 믿고 일자리를 준 사람들과 똑같은 입장이 된 것입니다. 게으르고 업무에 부적합하고 조직에서 받아들일 수 없고 부정직한 사람들은 일자리에서 쫓겨날 수밖에 없습니다.

누군가의 추천으로 일할 기회를 얻었더라도 그 분야에서 전문가가 되지 못한다면 아무 소용이 없습니다. 당신 자신과 당신이 올린 성과는 그것을 다른 사람에게 소개하는 가장 좋은 방법입니다.

이 문제에 대해 다음의 이야기를 참조하세요.

저는 한때 플루미넨세 연방대학(UFF-RJ) 교수였습니다. 교수들은 임금이 낮았고 학교 분위기도 좋지 않았고 전체적인 수행성과도 낮았고 교수들의 수업 결석과 지각도 많았지만 저는 제가 할 일이 있었고 그 일을 충실히 했습니다. 저는 제시간에 출근했습니다. 저는 학생들에게 훌륭하게 강의했고 시험에서도 엄격했습니다. 다른 대학의 소유주가 제 강의를 보고 저를 교수로 채용하기 위해 저를 초청해 저는 사립대에서 가르치는 것을 그만두게 되었습니다. 그래서 저는 UFF 일을 그만두고 다른 사립대에 들어갔습니다. 저는 제대로 일한 덕분에 경력도 늘고 급여도 많이 늘었습니다. 일을 제대로 수행하면 현재 일자리를 유지하고 더 나은 일자리를 얻을 확률도 높아집니다. 훌륭한 전문가들에게는 항상 새로운 기회가 주어지고 최고의 기회를 선택할 수 있을 것입니다.

여러 해 동안 저는 고용 가능성이 어떻게 변하고 돈을 어떻게 벌 수 있는지 관찰하고 알아보기 위해 노력해왔습니다. 기업은 전문가를 찾기 어렵다고 말하는 반면, 실업자(失業者)는 일자리를 구하기 힘들다고 말하는 것이 이상하다고 항상 느꼈습니다. 여기에 뭔가 이상한 것이 있습니다! 기업이 훌륭한 직원이 부족한 것을 불평하는 동시에 직원들은 양질의 일자리 부족을 토로하는 것이 어떻게 가능할까요? 무엇이 잘못되었는지 아나요? 시장에는 제대로 훈련받은 사람이 부족합니다. 현재 브라질은 제대로 자격을 갖춘 노동력의 부족을 겪고 있어 다른 국가로부터 전문 인력을 들여와 이 문제를 해결하려고 하고 있습니다.

다시 말하겠습니다. 당신이 제대로 준비되어 있거나 자기 계발에 중점을 두고 있고 믿을 만하고 노력하는 사람이라면 좋은 기회가 찾아오리라 확신합니다. 기업은 점점 더 올바르고 정직하고 생산적이고 헌신적이고 결단력 있는 전문가들을 필요로 합니다. 당신에게 좋은 특성이 많다면 더 많은 회사가 당신을 찾을 것입니다. 이런 특성들은 당신이 서류시험과 면접시험에 합격한 후 기업과 시장에 증명해야 하는 것들입니다. 신뢰성과 사람들로부터 인정을 받는 것은 시간이 걸립니다. 힘들고 때로는 수치스러운 상황도 이겨내야 합니다.

당신은 제가 당신에게 너무 많은 것을 요구한다고 생각할 수도 있고, 이 모든 것을 갖추기란 불가능하다고 생각할 수도 있지만 한 번 생각해보세요. 당신이 누군가를 고용할 때도 이런 특성을 찾지 않을까요? 지금부터 당신의 과제는 당신 스스로 고용하고 싶은 사람이 되는 것입니다. 평균 이상으로 우수성이 높을수록 (물론 긍정적인 방식으로!) 성공할 확률도 높아집니다. 그러니 지금 당장 움직이세요!

부단한 훈련을 받으면 당신의 목표는 이루어집니다. (짐 로언)

이 말은 자기고용의 원칙을 잘 요약해줍니다. 지속적인 자기 계발과 훈련을 통해 고용 가능성을 높이고, 더 나아가 자기 자신을 고용하고 싶은 사람으로 만들 수 있습니다.

자기고용의 원칙을 실천하기 위해 다음과 같은 점들을 기억해야 합니다.

① **자기 평가:** 정기적으로 자신의 능력, 태도, 생산성을 객관적으로 평가하세요.

② **지속적인 학습:** 항상 새로운 기술을 배우고 지식을 업데이트하세요.

③ **책임감 갖기:** 자신의 행동과 결과에 책임을 지세요.

④ **시간 관리:** 생산적인 활동에 더 많은 시간을 투자하세요.

⑤ **품질 중시:** 모든 일에서 최고의 품질을 추구하세요.

⑥ **신뢰성 구축:** 약속을 지키고 일관된 성과를 보여주세요.

⑦ **적극성 유지:** 기회를 기다리지 말고 만들어나가세요.

⑧ **팀워크 능력 개발:** 다른 사람들과 잘 협력할 수 있는 능력을 키우세요.

⑨ **윤리성 유지:** 모든 상황에서 정직하고 윤리적으로 행동하세요.

⑩ **열정 유지:** 자신의 일에 대한 열정을 잃지 마세요.

자기고용의 원칙은 단순히 취업을 위한 것이 아닙니다. 이는 삶의 모든 영역에서 최고 버전의 자신이 되기 위한 노력입니다. 이 원칙을 따르면 더 나은 직원, 더 나은 동료, 더 나은 리더가 될 수 있습니다. 또한 이는 자영업자나 기업가로서의 성공에도 핵심적인 요소입니다.

　결론적으로 자기고용의 원칙은 지속적인 자기 개선과 높은 기준을 요구합니다. 이는 쉬운 과정이 아니지만 장기적으로 볼 때 개인적·직업적 성공의 열쇠가 됩니다. 우리 스스로 고용하고 싶은 사람이 되면 다른 사람들도 우리를 고용하고 싶어 할 것입니다. 이는 단순히 일자리를 얻는 것을 넘어 삶과 경력에서 진정한 가치를 창출하는 방법입니다.

정직의 원칙

도둑질하지 못한다. (출애굽기 20:15; 신명기 5:19)

정직과 관련된 여러 가지 정의가 있지만 그 의미를 잘 나타내기에는 부족합니다. 정직은 지혜, 능력, 에너지, 의지와 함께 성공에 이르는 기본적인 세 가지 기둥 중 하나입니다. 정직에는 다양한 태도와 행동이 포함됩니다. 정직하려면 돈의 노예가 되면 안 됩니다. 돈의 노예가 되면 결국 나쁜 거래를 하게 됩니다. 저는 연방 판사로 손쉽고 부정한 방법으로 돈을 벌려고 했던 사람들에게 유죄 판결을 내리는 데 이제 지쳤습니다. 오늘날 그들은 감옥에 있습니다.

번영을 부르는 돈은 일에서 오며 돈을 벌면 주변 사람들의 인정이 따르게 됩니다. 브라질에서 불법적으로 번 돈은 그것을 가진 자들의 악덕을 보여줍니다. 신고가 접수되면 당국(법원, 검찰청, 금융

활동통제국, 연방은행, 경찰 등), 심지어 사회 자체적으로 그 범죄자들을 추적할 수 있습니다.

10계명은 기본적인 경제 문제에 대해 분명히 권고합니다. '도둑질하지 말라', '거짓말하지 말라', '욕심내지 말라'입니다. 즉, 남들이 가진 것을 탐내지 말고 당신이 가진 것들을 생각해보세요.

다음은 당신이 정직한지 판단하기 위해 자신에게 물어볼 질문들입니다.

① 당신의 행동은 국가 법률에 위배되나요?
② 당신의 모든 행동은 촬영되거나 사람들에게 공개되어도 수치스럽지 않고 형사소송이나 민사소송으로 이어지지 않을 수 있나요?
③ 다른 사람이 같은 행동을 했다면 당신은 기쁘겠습니까?
④ 당신이 사랑하는 사람에게 똑같은 행동을 할 의향이 있나요?
⑤ 당신의 행동으로 인해 누군가가 손해를 보거나 그를 속인 적이 있나요?

당신의 행동이 이 질문을 완벽히 통과한다면 그 길을 계속 걸어가십시오. 축하드립니다. 하지만 그렇지 않다면 주의하세요. 모든 선택에는 반드시 결과가 따릅니다. 문제가 생겼을 때 외부 요인을 탓하지 마세요. 하나님, 악마, 유혹, 정부, 심지어 날씨까지도요. 대신 자신의 행동과 선택에 책임을 지세요. 이것이 바로 성공으로

가는 또 하나의 중요한 원칙입니다.

정직에 관한 문제는 심각하므로 성경은 도움이 필요한 사람들을 억압하는, 법에서 허용된 사람조차 용서하지 않습니다. 이사야는 "불의한 법을 공포하고, 양민을 괴롭히는 법령을 제정하는 자들아, 너희에게 재앙이 닥친다! 가난한 자들의 소송을 외면하고, 불쌍한 나의 백성에게서 권리를 박탈하며, 과부들을 노략하고, 고아들을 약탈하였다"(10:1-2)라고 말합니다.

"정직이 얼마나 이로운 것인지 악당이 알았다면 그는 정직해졌을 것이다"라는 브라질 속담이 있습니다. 기본적으로 이 정직에서 가장 큰 이득을 본 사람은 자기 자신이라는 뜻입니다.

워런 버핏(Warren Buffett)은 다음과 같이 조언합니다.

저는 직원을 고용할 때 세 가지 특성을 봅니다. 정직, 지능, 에너지입니다. 첫 번째 특성인 정직이 당신에게 없다면 나머지 지능과 에너지가 당신을 죽일 것입니다. 그것을 생각해보세요. 그것은 사실입니다. 당신이 정직하지 않은 사람들을 고용한다면 당신은 그들이 어리석어지고 게을러지길 바라는 것과 똑같습니다.

다시 말해 성공하려면 정직하고 유능하고 노력해야 합니다.

국제적인 NGO 투명성 평가를 기준으로 세계에서 가장 부패한 국가들과 가장 청렴한 국가들을 보면 그 원칙을 알 수 있을 것입니다.

가장 부패한 국가			가장 청렴한 국가		
1위	소말리아	1.0	1위	뉴질랜드	9.5
2위	북한	1.0	2위	덴마크	9.4
3위	미얀마	1.5	3위	핀란드	9.4
4위	아프가니스탄	1.5	4위	스웨덴	9.3
5위	우즈베키스탄	1.6	5위	싱가포르	9.2
6위	투르크메니스탄	1.6	6위	노르웨이	9.0
7위	수단	1.6	7위	네덜란드	8.9
8위	이라크	1.8	8위	호주	8.8
9위	아이티	1.8	9위	스위스	8.8
10위	베네수엘라	1.9	10위	캐나다	8.7

여기서 우리는 선진국들의 삶의 질과 기대수명이 높다는 것을 쉽게 알 수 있습니다. 선진국에서는 사기를 칠 일이 없다고 주장할 수도 있지만 저는 이 국가들이 발전한 이유가 바로 부패가 적었기 때문이라고 생각합니다. 즉, 정직은 발전의 결과가 아닌 발전의 원인 중 하나입니다.

브라질의 부패지수는 여전히 매우 높으며 이것이 브라질의 발전 수준이 낮은 이유 중 하나입니다. 정직하게 행동하고 일하는 문화로 나아간다면 브라질이 얼마나 더 발전할 수 있을지 상상이 되나요?

♦ 더 높은 정직도 ♦

훔쳐내지 말고, 온전히 신실하라고 하십시오. 그러면 그들이 모든 일에서 우리의 구주이신 하나님의 교훈을 빛낼 것입니다. (디도서 2:10)

정직과 부정직에는 수준이 있습니다. 한 수준에서 정직은 법을 존중하고 계약을 이행하는 것을 의미합니다. 성경에서는 아무도 속이지 말라고 말합니다. 이것은 더 높은 수준에서 적용된 정직의 원칙입니다. 사람들을 속이는 것은 그들을 착취하는 것이고 그들의 약함, 순진함, 열등한 위치를 악용하는 것입니다. 상당수의 사람이 가장 큰 이익을 내기 위해서는 유리한 입장에 서야 한다고 말하는 세상에 우리는 살고 있습니다.

성경에서도 법을 어기고 사람들이 속는 모습을 볼 수 있습니다. 예를 들어 선지자 아모스는 다음과 같이 말합니다.

빈궁한 사람들을 짓밟고, 이 땅의 가난한 사람을 망하게 하는 자들아, 이 말을 들어라! 기껏 한다는 말이, "초하루 축제가 언제 지나서, 우리가 곡식을 팔 수 있을까? 안식일이 언제 지나서, 우리가 밀을 낼 수 있을까? 되는 줄이고, 추는 늘이면서, 가짜 저울로 속이자. 헐값에 가난한 사람들을 사고 신 한 켤레 값으로 빈궁한 사람들을 사자. 찌꺼기 밀까지도 팔아먹자" 하는구나. (아모스 8:4-6)

이 성경의 기록 속에서 명백한 부정직의 현상들을 발견합니다. 덜 나가는 저울, 휘어진 잣대, 재료의 혼합(밀에 왕겨 섞기), 가격 부풀리기 등 사람들을 속이는 부정직이 드러나고 이런 행위들로 누군가는 속임을 당하고 누군가는 이익을 취합니다. 이런 일들이 한 사람의 평판에 금이 가게 만드는 것이지요.

> 곡식을 저장하여 두기만 하는 사람은 백성에게 저주를 받고, 그것을 내어 파는 사람에게는 복이 돌아온다. (잠언 11:26)

도덕적·윤리적 문제가 위험에 처한 회색지대를 다루어야 할 때가 흔히 있습니다. 이런 상황이 발생하면 우리는 어려운 처지에 놓일 수 있습니다.

정직하고 올바르게 행동하면 처음에는 수입이 적을 수 있지만 존경받을 수 있으며, 나중에는 이것이 훨씬 낫습니다. 브라질의 사업가인 호르헤 지글러(Jorge Ziegler)는 다음과 같은 이야기를 들려주었습니다. 한 트럭 운전사가 주유소에서 기름을 채운 후 점원에게 다른 가격으로 영수증을 발행할 수 있는지 물었습니다. 이는 운전자가 지불한 금액과 나중에 환불을 요청할 총액의 차액을 보관할 수 있도록 하는 일반적인 사기 유형입니다. 점원은 이 제안에 부정적으로 대답했습니다. 짜증이 난 트럭 운전사는 다른 모든 주유소에서도 관행적으로 그렇게 하고 있으니 매니저와 이야기하게 해달라고 요청했습니다. 현장에 있던 지글러는 점원에게 달려가 트럭 운전사에게 부정직한 일을 하느니 차라리 고객을 잃는 편이 낫다고 말했습니다. 몇 달 후 그 남자는 주유소로 돌아왔습니다. 그는 자신을 대형 운송 회사의 소유주라고 소개했습니다.

그는 이 지역의 주유소를 점검하고 있었습니다. 지글러의 윤리적 자세를 보고 이 운송 회사의 소유주는 이제부터 자신의 회사 소속 운전기사들이 이 지역에 있을 때 지글러의 주유소에서 주유를 하기로 결정했습니다.

법을 지키고 계약을 존중하는 것만으로는 충분하지 않습니다. 사람과 상황을 악용해 과도한 이익을 취하면 안 됩니다. 성경은 경고합니다.

불의로 궁전을 짓고, 불법으로 누각을 쌓으며, 동족을 고용하고도, 품삯을 주지 않는 너에게 화가 미칠 것이다. (예레미야 22:13)

정직하고 올바르게 행동하면 처음에는 돈을 덜 벌겠지만 사람들의 존경을 받을 것이고 그것이 훨씬 좋은 일입니다.

이것이 바로 항상 정직한 길을 선택해야 하는 이유입니다. 어떤 상황에서 어떻게 해야 할지 확신이 서지 않는다면 정직하고 올바른 일을 선택하세요. 만일 그 선택이 다른 사람들에게 바보처럼 보인다면 바보가 되는 쪽을 선택하세요.

부정직하다는 생각이 드는 기준은 '뭔가 이상하다'라는 느낌입니다. 어떤 것이 수상하게 보이거나 들린다면 실제로 정말 수상한 것입니다. 어쨌든 사도 바울의 충고를 명심하고 따르세요. "갖가지 모양의 악을 멀리 하십시오"(데살로니가전서 5:22). 당신이 의심스러운 짓을 피한다면 문제에 휘말리지 않을 것입니다.

◆ 말의 힘 ◆

너희는 '예' 할 때에는 '예'라는 말만 하고, '아니오' 할 때에는 '아니오'라는 말만 하여라. 이보다 지나치는 것은 악에서 나오는 것이다. (마태복음 5:37)

정직에는 진실을 말하는 것이 포함되어 있습니다. 즉, 당신이 하는 말이 당신에 대한 사람들의 믿음과 신용을 보여준다는 뜻입니다. 예수님은 우리의 말은 '예'나 '아니오'여야 하고, 다른 사람을 가리키거나 변명하거나 희생양을 찾으면 안 된다고 말합니다. 우리 모두가 잘 아는 것처럼 거짓말은 멀리 갈 수 없고 드러났을 때 그 거짓말 한 사람의 평판을 더럽힙니다. 많은 사람이 거짓말과 속임수로 자신의 실수나 문제, 불편한 상황을 덮으려고 하지만 오히려 그들의 평판만 더럽힐 뿐입니다. 성경은 거짓말의 해악을 보여줍니다.

사람들은 속여서 얻은 빵이 맛있다고 하지만, 훗날에 그 입에 모래가 가득 찰 것이다. (잠언 20:17)

정직은 삶의 초석이 되는 가치입니다. 정직은 남들에게 보여지는 당신의 이미지, 당신의 인간관계, 당신의 직장 경력에서 매우 중요합니다. 100% 정직해야 합니다. 이웃을 속이지 마세요. 다른 사람을 이용하지 마세요. 이 영적인 원칙은 모든 기업가와 학자에게 주는 조언이자 성경에 나오는 지혜 중 하나입니다.

또 군인들도 그에게 물었다. '그러면 우리들은 무엇을 해야 하겠습니까?' 요한이 그들에게 대답하였다. 아무에게도 협박하여 억지로 빼앗거나, 거짓 고소를 하여 빼앗거나, 속여서 빼앗지 말고, 너희의 봉급으로 만족하게 여겨라. (누가복음 3:14)

이 성경 구절은 정직의 원칙을 실천하는 구체적인 방법을 보여줍니다. 정직은 단순히 거짓말을 하지 않는 것을 넘어 타인을 존중하고 공정하게 대하는 것을 포함합니다.

정직의 원칙을 실천하기 위해 다음과 같은 점을 기억해야 합니다.

① **항상 진실을 말하세요:** 작은 거짓말이라도 피하세요.

② **약속을 지키세요:** 할 수 없는 약속은 하지 말고, 약속을 했다면 반드시 지키세요.

③ **공정하게 행동하세요:** 다른 사람의 약점을 이용하지 마세요.

④ **투명성을 유지하세요:** 숨기거나 속이려 하지 말고 모든 것을 공개적으로 처리하세요.

⑤ **책임을 지세요:** 실수를 했다면 인정하고 그 결과를 받아들이세요.

⑥ **타인을 존중하세요:** 모든 사람을 공정하고 존중하는 태도로 대하세요.

⑦ **윤리적으로 행동하세요:** 법적으로 문제가 없더라도 윤리적으로 옳지 않은 행동은 피하세요.

⑧ **정직한 이익을 추구하세요:** 부당한 방법으로 이익을 얻으려 하지 마세요.

⑨ **정직한 문화를 만드세요:** 주변 사람들도 정직하게 행동하도록 영향을 미치세요.

⑩ **지속적으로 자기 점검을 하세요:** 자신의 행동이 정직의 원칙에 부합하는지 주기적으로 점검하세요.

정직의 원칙을 실천하는 것은 단기적으로는 어려울 수 있습니다. 때로는 정직함 때문에 당장의 이익을 놓치거나 불이익을 받을 수도 있습니다. 그러나 장기적으로 볼 때 정직은 신뢰와 존경을 쌓는 가장 확실한 방법입니다. 이는 개인의 성공뿐만 아니라 사회 전체의 발전에도 필수적입니다.

정직은 단순히 도덕적 의무가 아닙니다. 성공적인 삶과 사업을 위한 전략이기도 합니다. 정직한 사람은 신뢰를 받고, 이는 더 많은 기회로 이어집니다. 또한 정직한 행동은 내적 평화와 자존감을 높여줍니다.

결론적으로 정직의 원칙은 우리 삶의 모든 영역에서 중요합니다. 이는 개인적 관계에서부터 직업 생활, 사회적 책임에 이르기까지 모든 면에 영향을 미칩니다. 정직하게 살아가는 것은 쉽지 않을 수 있지만 그것은 가장 가치 있는 삶의 방식입니다. 우리 모두가 이 원칙을 실천함으로써 더 나은 개인과 더 나은 사회를 만들어갈 수 있기를 바랍니다.

이름의 원칙

많은 재산보다는 명예를 택하는 것이 낫고, 은이나 금보다는 은총을 택하는 것이 낫다. (잠언 22:1)

당신의 이름은 당신이 가진 가장 큰 직업적 자산입니다. 따라서 이름의 원칙은 성공적인 개인 경력이나 성공적인 기업이 되기 위한 가장 중요한 영적 원칙들 중 하나입니다. 원칙과 가치를 적당히 타협해 성공과 물질적 부를 얻으려는 사람들이 항상 있습니다. 그렇게 얻은 부는 가치가 없다고 생각합니다.

당신의 이름, 즉 당신의 신뢰성과 평판은 당신이 가진 가장 큰 자산입니다. 전문가의 이름은 그의 경력을 보여주는 가장 중요한 척도입니다. 당신의 이름은 존엄성, 더 높은 가치, 긍정적인 면에서 남들과의 차별성을 의미할 수도 있고 그렇지 못할 수도 있습니다. 우리는 우리 자신의 경험으로 이 이야기를 하고 있습니다. 우리는 자신의 가치들[개인적인 명예, 인테그리티(Integrity), 정직성 등]을 인생의 빠른 성공을 위해 희생시키는 사람들이 매우 큰 대가를 치르는 것을 지켜봤습니다. 어떤 사람들은 실제로 큰 성과를 이루지만 이것은 일시적이거나 받아들일 수 없는 대가를 치를 때가 많습니다.

브라질 법학자 에드와르도 쿠투레(Eduardo Couture)는 "시간은 시간과 함께 이루어내지 않은 일들에 복수를 가한다"라고 말했습니다. 시간의 흐름은 개인의 이름과 그 이름을 가진 사람의 속성을 드러냅니다. 기다리면 됩니다. 링컨 대통령은 "모든 사람을 잠깐 속일 수 있고 어떤 사람은 항상 속일 수 있지만, 모든 사람을 항상 속일 수는 없다"라는 명언을 남겼습니다.

성경에서도 "가려 놓은 것이라고 해도 벗겨지지 않을 것이 없고, 숨겨 놓은 것이라 해도 알려지지 않을 것이 없다"(누가복음 12:2)라고 말합니다. 그러니 '좋은 이름'의 필수 조건을 충족시키지 않고 멀리 나아갈 수 있다고 생각하지 마세요. 세상에서 승승장구하기 위해 뭔가를 숨김으로써 100% 성공을 이룰 수 있다고 착각하지 마세요.

기업에 적용할 때 이름의 원칙은 브랜딩 원칙이 되는데, 이것은 『퀄리티 서비스(Qualidade No Atendimento)』의 저자인 아딜손 로무알도 네베스(Adilson Romualdo Neves)가 연구한 개념입니다. 네베스에 의하면 브랜딩 원칙은 제품이나 기업에 대한 소비자의 인식을 측정하는 프로세스를 가리킵니다.

대규모 컨설팅 그룹인 Instituto Jetro에서 최근에 출판한 논문에 의하면 네베스는 브랜딩 과학이 마케팅의 개념, 경영, 건축, 디자인, 광고, 인류학, 심리학, 사회학, 그 외 수많은 분야를 활용해 고객들에게 기업의 브랜드를 구축해가는 일이라고 설명했습니다. 그는 "기업과 고객 간에 일어나는 모든 상호작용의 지점을 활용해 브랜드를 구축하고 관리하는 방법이다"라는 프린스턴대학교(Princeton University) 제인 파빗(Jane Pavit) 교수의 말을 인용하면서 "브랜딩은 궁극적으로 이름과 평판의 제휴 과정이다"라고 말했습니다. 이 개념은 사람들과 사회에 제시된 그들의 이미지 관계에도 쉽게 적용될 수 있습니다.

♦ 이미 실수를 저질렀다면 어떡해야 할까요? ♦

자기의 죄를 숨기는 사람은 잘 되지 못하지만, 죄를 자백하고 그것을 끊어 버리는 사람은 불쌍히 여김을 받는다. (잠언 28:13)

이상적으로는 항상 올바른 일을 하는 것이 바람직하지만 실수를 저질렀다면 최대한 빨리 고치는 것이 좋습니다. 우리는 한 직원이 실수를 저질렀고 그가 상사가 알아차릴 때까지 숨기는 대신 이실직고한 경우를 목격했습니다. 그 직원의 이런 태도는 신뢰를 쌓고 해고와 같은 더 심각한 결과를 피하는 데 도움이 되었습니다. 보스들은 누구나 실수를 저지를 수 있다는 것을 알지만 직원의 그러한 충성과 진실은 보기 드문 자질입니다.

다음번에 거래를 성사시킬 기회가 왔을 때 이름의 가치에 관한 솔로몬 왕의 가르침을 기억한다면(잠언 22:1) 당신은 어떻게 행동할 것인지를 평가하는 기준을 갖게 될 것입니다. 쉽게 돈을 벌 수 있다는 환상을 버리십시오. 누군가를 속이지 마십시오. 누군가를 속이면 당신은 단 한 번의 위험을 무릅쓴 것입니다. **"시간은 진리의 주인이다"**라는 브라질 속담처럼 두 번째 기회는 주어지지 않을 것이기 때문입니다. 다른 말로 하면 모든 진실은 때가 되면 드러납니다.

명예로운 사람들 사이에서는 당신의 말 한마디면 충분합니다. 이런 신뢰 수준을 즐기고 당신이 하는 말이 서명한 문서보다 가치가 있을 때 당신은 성공으로 향할 것입니다. 문서나 서명을 필요 없게 만드는 수준의 신뢰가 있습니다. 그런 명예로운 사람들과 일을 하는 것이 좋습니다. 사실 누군가가 정직하면 계약서를 작성할 필요도 없지만 그들이 정직하지 않으면 계약서도 확실한 보증이 되지 않습니다. 하지만 최선책은 사업 계약을 서면으로 만드는 것입니다. 가능하면 항상 그렇게 하십시오. 말을 지키는 사람들 사이에서 서류는 합의된 내용을 상기시키는 데 사용되며 당사자 중 한 명이 사망하더라도 유가족은 무엇이 합의된 사항이었는지 알게 될 것입니다.

좋은 이름은 정직만으로는 충분하지 않습니다. 디테일에 대한 주의력, 진지함, 전문적인 헌신도 필요합니다. 자신의 좋은 이름을 유지하려면 지속적인 감시가 필요합니다. 진리가 아니거나 연구나 생각으로 뒷받침되지 않는 것을 가르치기 시작한 교수를 상상해보십시오. 그는 자신의 가장 큰 자산을 파괴할 것입니다. 하지만 누군가가 이름과 명성을 보호하기 위해 좋은 습관들을 반복적으로 실천한다면 이 습관들이 성공의 알을 낳게 될 것입니다. 정직의 원칙은 사장들, 직원들, 의사들, 프리랜서들 등 모든 사람에게 통합니다.

♦ 정직, 신뢰, 이익 ♦

1990년대 후반 일본, 한국, 미국의 자동차 제조업체와 부품공급업체의 관계를 평가한 연구가 있었습니다. 주 연구원은 펜실베이니아 주립대학교(University of Pennsylvani) 제프리 다이어(Jeffrey Dyer) 교수와 서울대학교 주우진 교수였습니다. 453건의 협상을 분석한 결과 가장 신뢰할 수 없는 기업과의 협상을 위한 거래비용은 매우 높았습니다. 이런 경우, 협상과 규제에 들어가는 시간과 비용이 다섯 배나 높았습니다. 가장 믿을 수 있는 기업들은 정보를 공유했고 결과는 더 좋았습니다. 그들은 더 발전하고 싶어 했습니다.

하버드대학교(Harvard University) 연구원들은 믿음과 이익의 더 직접적인 관계를 알아냈습니다. 그들은 미국과 캐나다의 홀리데이 인(Holiday Inn) 체인 소속 76개 호텔 직원 6,500명을 모니터링했습니다. 직원들이 경영진의 약속과 가치를 믿는 호텔은 직원들의 경영진에 대한 불신이 있는 호텔보다 수익성이 높았습니다. 신뢰/신용과 이익 사이의 연결은 "호텔 평가점수(0~5점 기준)가 1/8포인트 향상되면 2.5%의 호텔 매출 증가를 기대할 수 있다"라고 《하버드 비즈니스 리뷰(Harvard Business Review)》에서 토니 시몬스(Tony Simons)가 단언했습니다.

우리가 측정한 매니저의 행동평가 영역 중에서 신뢰성보다 더 이익에 큰 영향을 주는 요소는 없었다. (하버드대학교 연구진)

명성을 쌓기까지 20년이 걸리지만 그 명성이 무너지는 데는 5분이면 충분합니다. 그것을 생각한다면 당신은 다르게 행동할 것입니다. (워런 버핏)

이 명언은 이름의 원칙을 잘 요약해줍니다. 좋은 이름과 평판을 쌓는 데는 오랜 시간과 노력이 필요하지만, 그것을 잃는 데는 순간적인 실수만으로도 충분하다는 것을 상기시켜 줍니다.

이름의 원칙을 실천하기 위해 다음과 같은 점을 기억해야 합니다.

① **일관성 유지:** 모든 상황에서 일관된 가치와 원칙을 보여주세요.
② **약속 지키기:** 한 말은 반드시 지키세요. 지킬 수 없는 약속은 하지 마세요.

③ **정직하게 행동하기:** 모든 거래와 관계에서 정직함을 유지하세요.

④ **책임감 있게 행동하기:** 실수를 했다면 인정하고 책임지세요.

⑤ **품질 유지하기:** 당신의 일에서 항상 최고의 품질을 추구하세요.

⑥ **타인 존중하기:** 모든 사람을 공정하고 존중하는 태도로 대하세요.

⑦ **지속적인 자기 개발:** 계속해서 배우고 성장하세요.

⑧ **윤리적 행동:** 법적으로는 문제가 없더라도 윤리적으로 옳은 일을 하세요.

⑨ **평판 관리:** 당신의 이름과 평판이 어떻게 인식되고 있는지 주의 깊게 모니터링하세요.

⑩ **긍정적인 영향 미치기:** 당신의 행동이 다른 사람들에게 긍정적인 영향을 미치도록 노력하세요.

이름의 원칙은 단순히 개인의 평판 관리를 넘어서는 의미를 갖습니다. 이는 우리의 모든 행동과 결정이 우리의 이름, 즉 우리의 정체성과 가치를 반영한다는 것을 인식하는 것입니다. 좋은 이름은 단순히 성공의 결과가 아니라 성공으로 가는 길을 열어주는 열쇠입니다.

기업의 관점에서 볼 때 이름의 원칙은 브랜드 가치와 직결됩니다. 강력하고 긍정적인 브랜드 이미지는 고객의 신뢰를 얻고, 시장에서의 경쟁력을 높이며, 장기적인 성공을 가능하게 합니다. 개인의 경우도 마찬가지입니다. 신뢰할 수 있고 존경받는 이름을 가진 사람은 더 많은 기회를 얻고, 더 나은 관계를 형성하며, 궁극적으로 더 큰 성공을 이룰 수 있습니다.

이름의 원칙을 실천하는 것은 때로는 단기적인 이익을 포기해야 할 수도 있습니다. 그러나 장기적으로 볼 때 이는 가장 현명한 투자입니다. 좋은 이름은 돈으로 살 수 없는 자산이며, 한 번 손상되면 회복하기 매우 어렵습니다.

또한 이름의 원칙이 개인과 기업의 성공뿐만 아니라 사회 전체의 발전에도 중요하다는 점을 인식해야 합니다. 신뢰와 정직성이 높은 사회는 더 효율적으로 작동하며, 모든 구성원에게 더 나은 기회를 제공합니다.

결론적으로 이름의 원칙은 우리의 모든 행동과 결정의 기초가 되어야 합니다. 우리는 항상 "이 행동이 나의 이름과 평판에 어떤 영향을 미칠까?"라고 자문해야 합니다. 좋은 이름을 유지하는 것은 단순히 도덕적인 의무가 아니라 개인과 기업의 장기적인 성공을 위한 전략적 선택입니다.

버핏의 말처럼 명성을 쌓는 데는 오랜 시간이 걸리지만 그것을 잃는 데는 순간이면 충분합니다. 따라서 우리는 항상 경계하고, 모든 행동이 우리의 이름과 일치하도록 해야 합니다. 이것이 바로 이름의 원칙이 가르쳐주는 핵심 교훈입니다.

이 원칙을 실천함으로써 우리는 더 나은 전문가, 더 나은 리더, 그리고 더 나은 인간이 될 수 있습니다. 그리고 이를 통해 개인적인 성공뿐만 아니라 우리가 속한 조직과 사회의 발전에도 기여할 수 있을 것입니다. 좋은 이름은 단순히 개인의 자산이 아니라 우리 모두가 함께 만들어가는 사회적 자산이라는 것을 기억해야 합니다.

CHAPTER
14

함께하는 사람들의 원칙

속지 마십시오. 나쁜 동무가 좋은 습성을 망칩니다. (고린도전서 15:33)

자, '당신이 함께하는 사람들의 원칙'에 대해 이야기해봅시다.
우리는 이 영적 원칙에 이름을 붙여 광범위한 개념을 단순화했습
니다. 브라질 어머니들은 **"돼지 떼와 어울리면 코가 더러워진다"**라고
말합니다. 이것은 **"깃털이 같은 새들끼리 떼 지어 다닌다"**라는 미국 속
담과 비슷합니다. 이것은 명백한 진리입니다. 누군가가 소수에 속
할 때 대부분 다른 사람들에게 영향을 끼치기보다 다른 사람들로
부터 영향을 받을 것입니다. 사람들은 자연스럽게 끼리끼리 뭉치
게 마련이며, 그래서 사람들은 당신이 함께하는 동료들만큼의 삶
을 살게 될 것이라고 말합니다.

이 원칙을 제5부에 포함하지 않은 이유가 궁금할 겁니다. 제5부

에서는 관계에 관한 영적 원칙을 다룰 예정이므로 거기에 포함해도 이상하지 않을 것입니다. 실제로 거기에 포함되어도 좋을 것입니다. 하지만 당신이 어울리는 사람들이 당신의 행동양식, 인테그리티, 그리고 당신의 이미지에 지속적인 영향을 끼친다는 것을 강조하기 위해서, 가치의 원칙 중 하나로 함께하는 사람들의 원칙을 여기에 포함시켰습니다.

나쁜 행동을 따라 하지 않더라도 나쁜 친구들과 어울리면 당신도 그들과 연관될 것입니다. 그러니 당신의 인생 경로에서 앞으로 더 나아가고 싶다면 같은 꿈들과 같은 가치들을 공유하는 긍정적인 롤모델과 어울리세요.

이 원칙은 당신의 일상적인 친구들뿐만 아니라 사업을 진행하는 사람들에게도 통합니다. 여기서 버핏은 우리에게 한두 가지의 교훈을 줍니다. 그는 《포브스(Forbes)》에서 전 세계 3위 거부에 선정되었고 500억 달러로 추정되는 재산을 보유하고 있습니다. 버핏은 세계에서 가장 존경받는 투자사 중 하나인 버크셔 해서웨이(Berkshire Hathaway)를 소유하고 있습니다. 그는 이미 400억 달러를 자선단체에 기부했습니다. 현금 기부 면에서 그는 인류 역사상 가장 위대한 억만장자 자선가 중 한 명으로 간주됩니다. 또한 다른 억만장자들을 자선사업을 지원하도록 이끌어 칭찬을 받았습니다. 지혜로운 이 거부가 당신이 어울리는 사람들에 대해 해주는 충고를 기억하십시오. **"나쁜 사람과 좋은 거래를 할 수 없다."**

역사상 가장 위대한 금융투자자 중 한 명은 정직하지 않거나 나쁜 사람들과는 사업을 하지 말라고 조언하고 있습니다. 종교적 편견을 말하는 것이 아니고 비신자들과 절대로 사업을 하면 안 된다는 말을 하는 것이 아닙니다. 단지 버핏의 조언에 동의해 인생에서 앞으로 나아가고 싶다면 일하는 것을 즐기는 사람, 공명정대한 사람, 철이 든 사람들과 관계를 맺으라고 조언하는 것입니다. 명예로운 전문가들이 모이면 그들은 서로를 더 강력하게 해주는 시너지를 창출해내고 선행을 하는 그룹을 만들게 됩니다.

다음의 두 가지 조언으로 마무리하겠습니다.

① 나쁜 사람들과 사업하지 마세요.
② 함께 사업을 하면 안 되는 나쁜 사람이 되지 마세요!

♦ 악한 친구와 거래하지 말라 ♦

지혜로운 사람과 함께 다니면 지혜를 얻지만, 미련한 사람과 사귀면 해를 입는다. (잠언 13:20)

"당신은 지금 사람들을 차별하는 것 아닌가요?"라고 물을 수도 있습니다. 전혀 아닙니다. 나쁜 사람들과 사업을 하지 않는 것은 우리가 가진 권리를 실행하기로 선택하는 것입니다.

물론 사랑하는 사람들이 정도를 걷지 않고 있을 때 그들과 어떤 관계도 맺으면 안 된다고 말하는 것은 아닙니다. 심지어 그들이 이런 영적 원칙을 따르는, 열심히 일하고 긍정적인 가치를 지키는 사람들의 행렬에 가세함으로써 얻는 좋은 점을 보도록 도와줄 수도 있습니다. 그렇지만 명심하세요. 우리 모두는 각자 스스로 원하는 것을 선택합니다. 당신은 다른 사람 대신 선택할 수 없고 당신은 자신만의 선택을 할 수 있습니다.

오만함이나 잔인함 없이 사랑과 존중에 기반해 잘못된 길로 가는 사람들에게 경고할 수 있습니다. 그런 점에서 성경은 "네가 악인에게, 그의 길에서 떠나서 거기에서 돌이키도록 경고하였는데도, 그가 자신의 길에서 돌이키지 않으면, 그는 자신의 죄 때문에 죽지만, 너는 목숨을 보존할 것이다"(에스겔 33:9)라고 말합니다. 또한 다른 성경에서는 "형제자매 여러분, 여러분에게 권고합니다. 무질서하게 사는 사람을 훈계하고, 마음이 약한 사람을 격려하고, 힘이 없는 사람을 도와주고, 모든 사람에게 오래 참으십시오"(데살로니가전서 5:14)라고 말합니다.

잘못된 사람들의 영향을 피하는 것은 성공에 이르는 중요한 영적 원칙입니다. 또한 다른 사람들과 비교당하는 상황을 피하고 친구, 친척, 동료에게 의존하거나 그들을 이용하는 사람들을 경계해야 합니다. 그들은 다른 사람의 성공에서 영양분을 항상 빨아먹는 관계적 '흡혈귀'와 같습니다.

감정적인 또는 인도주의적인 이유로 나쁜 사람들이나 잘못된 유형의 회사를 도와주려고 할 때는 조심하세요. 당신이 영향을 주는 것보다 오히려 영향을 받는다고 느낀다면 거리를 두는 것이 좋습니다. 그리고 다른 사람들을 도와주려는 것과 그들이나 그들의 상황에 개입하는 것을 혼동하지 마세요. 다른 사람들을 도와주는 것은 좋은 일이지만 올바르지 않은 사람을 도와주기 위해 누군가를 고용하거나 사업 파트너가 되지는 마세요. 사업과 파트너십은 객관적이고 지적인 방식으로 이루어져야 합니다. 자선가가 되고 싶다면 괜찮습니다. 건강한 사업체를 설립하고 회사에 헌신할 유능한 사람들과 함께 돈을 버세요. 그리고 당신이 번 돈으로 다른 사람들을 도우십시오.

> 복 있는 사람은 악인의 꾀를 따르지 아니하며, 죄인의 길에 서지 아니하며, 오만한 자의 자리에 앉지 아니하며, 오로지 주님의 율법을 즐거워하며, 밤낮으로 율법을 묵상하는 사람이다. 그는 시냇가에 심은 나무가 철따라 열매를 맺으며 그 잎이 시들지 아니함 같으니, 하는 일마다 잘 될 것이다. (시편 1:1-3)

이 성경 구절은 함께하는 사람들의 원칙을 잘 요약해줍니다. 우리가 누구와 어울리고, 누구의 조언을 듣고, 누구와 함께 일하는지가 우리의 성공과 행복에 큰 영향을 미친다는 것을 강조합니다.

함께하는 사람들의 원칙을 실천하기 위해 우리는 다음과 같은 점들을 기억해야 합니다.

① 긍정적인 영향력을 가진 사람들과 교류하세요: 당신을 더 나은

사람으로 만들어주는 사람들과 시간을 보내세요.

② **당신의 가치관과 목표를 공유하는 사람들을 찾으세요**: 같은 방향을 향해 가는 사람들과 함께하면 더 빨리, 더 멀리 갈 수 있습니다.

③ **부정적인 영향을 주는 사람들과 거리를 두세요**: 당신의 성장을 방해하거나 부정적인 영향을 주는 사람들과는 적절한 거리를 유지하세요.

④ **멘토를 찾으세요**: 당신이 되고 싶은 모습을 이미 이룬 사람들에게서 배우세요.

⑤ **다양성을 존중하세요**: 다른 배경과 경험을 가진 사람들과의 교류도 중요합니다. 하지만 기본적인 가치관은 공유해야 합니다.

⑥ **네트워크를 넓히세요**: 다양한 분야의 전문가들과 관계를 맺으세요. 이는 새로운 기회와 아이디어의 원천이 될 수 있습니다.

⑦ **상호 이익이 되는 관계를 만드세요**: 당신이 다른 사람에게 도움을 주는 만큼, 그들로부터도 배우고 성장할 수 있어야 합니다.

⑧ **정직하고 윤리적인 사람들과 일하세요**: 버핏의 조언처럼 정직하고 윤리적인 사람들과 함께 일하는 것이 장기적으로 더 큰 성공을 가져다줍니다.

⑨ **자신의 영향력을 인식하세요**: 당신도 다른 사람에게 영향을 미친다는 것을 기억하고, 긍정적인 영향을 주는 사람이 되도록 노력하세요.

⑩ **정기적으로 자신의 관계를 평가하세요**: 주기적으로 당신의 관계들을 돌아보고, 그것들이 당신의 성장과 발전에 도움이 되는지

평가하세요.

　함께하는 사람들의 원칙은 단순히 나쁜 사람들을 피하라는 것이 아닙니다. 이는 당신의 성장과 성공을 촉진하는 환경을 적극적으로 만들어가라는 것입니다. 우리는 우리가 함께하는 사람들의 평균이 된다는 말이 있습니다. 이는 우리의 성공, 태도, 가치관이 우리 주변 사람들의 영향을 크게 받는다는 것을 의미합니다. 따라서 우리는 신중하게 우리의 환경과 관계를 선택해야 합니다.

　이 원칙을 실천하는 것은 때로는 어려운 결정을 내려야 함을 의미할 수 있습니다. 오랜 친구나 가족과의 관계를 재평가하고, 때로는 거리를 두어야 할 수도 있습니다. 하지만 이는 우리의 개인적·직업적 성장을 위해 필요한 과정일 수 있습니다.

　동시에 우리는 다른 사람들에게 긍정적인 영향을 미치는 사람이 되기 위해 노력해야 합니다. 우리가 좋은 영향을 주는 사람이 될수록 더 많은 긍정적인 사람들이 우리 주변에 모이게 될 것입니다.

　비즈니스 측면에서 이 원칙은 특히 중요합니다. 파트너, 직원, 고객을 선택할 때 그들의 가치관과 윤리가 우리의 것과 일치하는지 확인해야 합니다. 이는 장기적인 성공과 지속 가능한 성장을 위해 필수적입니다.

　그러나 이 원칙을 적용할 때 주의해야 할 점이 있습니다. 우리는 다양성의 가치를 인정하고, 다른 배경과 관점을 가진 사람들로부터도 배울 수 있어야 합니다. 우리와 다르다고 해서 모두 '나쁜'

영향을 주는 것은 아닙니다. 중요한 것은 기본적인 가치관과 윤리의 일치입니다.

또한 우리는 다른 사람들을 판단하거나 배제하는 것이 아니라 우리 자신의 성장과 발전에 집중해야 합니다. 때로는 우리가 좋은 영향을 줌으로써 다른 사람들의 변화를 이끌어낼 수도 있습니다.

결론적으로 함께하는 사람들의 원칙은 우리의 성공과 행복에 중요한 역할을 합니다. 우리는 신중하게 우리의 환경을 선택하고, 긍정적인 영향을 주는 사람들과 함께하며, 동시에 우리 자신도 다른 사람들에게 좋은 영향을 주는 사람이 되도록 노력해야 합니다. 이를 통해 우리는 개인적으로나 직업적으로 더 큰 성공과 만족을 얻을 수 있을 것입니다.

"당신이 함께하는 다섯 사람의 평균이 곧 당신이다"라는 말이 있습니다. 이 말을 항상 기억하고, 우리의 관계와 환경을 지속적으로 평가하고 개선해 나가는 것이 중요합니다. 우리의 성공과 행복은 우리가 선택하는 관계에 크게 달려 있습니다. 따라서 이 선택을 현명하게 하고, 우리의 가치관과 목표에 부합하는 사람들과 함께함으로써 더 나은 버전의 자신이 될 수 있습니다.

함께하는 사람들의 원칙은 단순히 개인의 성공을 위한 것만이 아닙니다. 이는 더 나은 사회를 만드는 데도 기여합니다. 우리 모두가 긍정적인 가치관을 가진 사람들과 함께하고, 서로에게 좋은 영향을 미치려 노력한다면 우리 사회 전체가 더 나은 방향으로 발전할 수 있을 것입니다.

마지막으로 이 원칙을 실천하면서 우리는 항상 겸손과 열린 마음을 유지해야 합니다. 우리는 계속해서 배우고 성장해야 하며, 때로는 예상치 못한 곳에서 귀중한 교훈을 얻을 수 있다는 것을 기억해야 합니다. 함께하는 사람들을 신중하게 선택하되, 동시에 모든 사람을 존중하고 그들로부터 배울 준비가 되어 있어야 합니다.

절제의 원칙

노하기를 더디 하는 사람은 용사보다 낫고, 자기의 마음을 다스리
는 사람은 성을 점령한 사람보다 낫다. (잠언 16:32)

이 책에 나온 모든 영적 원칙을 실천하고 특히 의로운 사람이 되
기 위해 절제의 원칙을 배우는 것은 가장 근본이 되는 것입니다.

나폴레옹 힐은 절제가 성공한 모든 남성의 공통적인 특징이라
고 말하며 절제력을 가진 것은 사실상 자기다운 자신(being your own
man)이 되는 것이라고 말합니다. 이것은 장기적으로 생각하고, 모
든 행동의 결과들을 평가하면서 자신의 어떤 행동이 어떻게 자신
이 설정한 주요 목표에 가까워지거나 멀어지게 하는지를 이해하
는 것을 말합니다. 그는 또한 "빚의 노예인 사람은 자신의 이상을
세우거나 이상을 이룰 시간이나 생각이 없다"라며 "결국 그는 자

신의 마음에 한계를 짓기 시작하고 그럼으로써 결국 두려움이라는 감옥의 벽 뒤에 숨어서 도망칠 수 없는 의심의 감옥 속에 자신을 가두게 된다"라고 주장합니다.

성경에서 바울은 절제에 대해 우리에게 이렇게 가르칩니다.

경기장에서 달리기하는 사람들이 모두 달리지만, 상을 받는 사람은 하나뿐이라는 것을 여러분은 알지 못합니까? 이와 같이 여러분도 상을 받을 수 있도록 달리십시오. 경기에 나서는 사람은 모든 일에 절제를 합니다. 그런데 그들은 썩어 없어질 월계관을 얻으려고 절제를 하는 것이지만, 우리는 썩지 않을 월계관을 얻으려고 하는 것입니다. 그러므로 나는 목표 없이 달리듯이 달리기를 하는 것이 아닙니다. 나는 허공을 치듯이 권투를 하는 것이 아닙니다. 나는 내 몸을 쳐서 굴복시킵니다. 그것은 내가, 남에게 복음을 전하고 나서 도리어 나 스스로는 버림을 받는, 가련한 신세가 되지 않으려는 것입니다. (고린도전서 9:24-27)

꿈, 목표, 승리를 얻기 위해 당신은 다음과 같이 해야 합니다.

① 우승자처럼 달리기
② 희생을 감수하기
③ 믿음과 신뢰 갖추기
④ 지적으로 객관적으로 행동하기

⑤ 자신에 대해 책임지고 자제력 갖추기

마음, 몸, 시간을 통제하는 방법을 배우는 것은 자제력을 갖는 것입니다. 자신을 통제하지 못하는 자는 그 어떤 것도 통제할 수 없습니다.

◆ 경계하라 ◆

숨겨 둔 것은 드러나고, 감추어 둔 것은 나타나기 마련이다. (마가복음 4:22)

당신이 기억해야 할 중요한 것이 있습니다. 업계가 당신을 주목하고 있다는 사실입니다. 당신의 행동, 말, 그리고 교류는 모두 다른 이들에 의해 관찰되고 있으며, 이는 당신에게 유리하거나 불리하게 작용할 수 있습니다. 겉모습이 아닌 태도와 행동, 다른 사람들과 상호작용하고 소통하는 방법에 대해 말하는 것입니다.

당신이 직업적으로 어떻게 행동하느냐는 친구, 배우자, 직원, 사업 파트너, 부모, 자녀, 시민, 학생 등 다양한 당신의 인간관계와 따로 떼어놓을 수 없습니다. 때때로 사람들은 좋은 환경에 처했을 때와 역경의 순간에 처했을 때 각각 다르게 행동할 수 있지만 어떤 경우에도 누군가가 지켜보고 있다는 점을 잊지 않는 것이 중요합니다.

성경에서는 "그대는 모든 일에 선한 행실의 모범이 되십시오. 가르치는 일에 순수하고 위엄 있는 태도를 보여야 합니다. 책잡힐 데가 없는 건전한 말을 하십시오. 그리하면 반대자도 우리를 걸어서 나쁘게 말할 것이 없으므로 부끄러움을 당할 것입니다"(디도서 2:7-8)라고 말합니다. 이런 영적 조언의 문맥에서 '당신의 대적자'는 당신을 잘 알지 못하지만 기회만 있었으면 당신에게 악행을 행할 나쁜 의도를 품고 당신이 성공하지 않길 바라는 사람들까지 포함합니다. 당신이 적들 앞에 노출되는 것이 두렵지 않도록 사는 것이 낫습니다.

우리가 배워야 할 가장 훌륭한 교훈은 다른 사람이 지켜볼 때뿐만이 아니라 다른 사람이 지켜보지 않을 때도 '선행'을 하는 것입니다.

사람을 기쁘게 하는 자들처럼 눈가림으로 하지 말고, 그리스도의 종답게 진심으로 하나님의 뜻을 실천하십시오. (에베소서 6:6)

따라서 무슨 일이든 성공하고 싶다면 자신의 행동을 깨닫고 모든 행동이 윤리적이고 올바르고 전문적인지 확인하세요. 리얼리티쇼에 출연하고 있는 것처럼 사세요. 너무 비판적이거나 너무 게으르거나 모든 것에 답이 있는 사람처럼 행동하지는 마세요. 오히려 고객과 상사에게 좋은 서비스를 제공해주는 사람, 유쾌한 사람이 되세요. **"훌륭한 사람은 불평하지 않는다"**라는 브라질 속담이 있습니다. 대부분 침묵을 지킨 것을 후회하지 않습니다.

자제의 원칙을 실천하는 가장 안전한 방법은 당신의 신뢰성을 깨는 행동을 하지 않는 것입니다. 자신에 대해 생각해보세요. 당신은 믿을 만한 사람인가요? 당신이 한 말을 지키고 기한을 지키나요? 당신이 약속한 것을 이행하나요? 더 나아가 상대방에게 약속한 것이나 요청받은 것 이상을 제공하나요? 당신이 대우받길 바라는 대로 당신의 고객, 상사, 비즈니스 파트너에게 대우하나요? 당신의 대답은 당신의 자제력 정도를 나타내고 자제력은 당신이 성공하러 가는 길을 포장해줄 것입니다.

당신이 정직성과 인테그리티가 뛰어나다고 알려지는 것은 프로페셔널로서 존경을 받을 뿐 아니라 자존감을 높이는 데 매우 중요합니다. 원칙이 부족한 사람들은 밤에 종종 잠을 못 잘 수도 있습니다. 정직하지 않은 행동을 계속하는 것이 잘못이라는 것을 깊이 알고 있기 때문입니다.

♦ 직장에서 지나친 개인정보 공유 피하기 ♦

자기의 기분을 자제하지 못하는 사람은, 성이 무너져 성벽이 없는 것과 같다. (잠언 25:28)

절제는 당신이 가질 수 있는 최고의 자기보호 수단 중 하나입니다. 누군가와 너무 친해지면 훗날 둘 사이에 문제가 생기게 됩니다. 일하면서 모든 일을 이야기하는 사람들이 있습니다. 그들은 지나칠 정도로 모든 개인사를 말하면서 스스로 진실하고 정직하다고 생각합니다. 그것은 당신의 직장생활에서의 경력을 위협할 수도 있는 실수입니다.

모든 것에는 적절한 장소가 있습니다. 당신의 동료가 반드시 당신의 친구가 되어야 하는 것은 아니며 그가 당신 인생의 세부적인 정보를 알 필요도 없습니다. 마찬가지로 당신도 동료들 인생의 세부적인 정보를 알려고 하지 마십시오. 당신이 일하는 사무실은 당신의 집, 클럽, 집단 치유 모임이 아닙니다. 당신의 직장동료들과 꼭 필요한 정보만 나누십시오.

그렇다고 당신 동료들의 감정이나 상황에 대해 냉정하거나 무관심해야 한다는 뜻은 아닙니다. 두 말할 필요도 없이 당신이 반사회적인 존재가 되어서는 안 됩니다. 예의 바르고 다른 사람에게 진심으로 관심을 가지되 어느 정도 선은 그어야 한다는 말입니다. 일과 개인적 삶 사이에 건전한 경계선을 유지하면 문제를 피할 수 있습니다.

이 자제력과 개인적 경계선 문제에 대한 솔로몬 왕의 충고를 기억하십시오. "미련한 사람은 명철을 좋아하지 않으며, 오직 자기 의견만을 내세운다"(잠언 18:2). 세인의 주목을 받는 중심이 되는 것은 어리석은 행동입니다. 차라리 다른 사람의 의견과 생각에 관심을 가져보는 것이 나을 것입니다. 다른 사람의 말에 귀 기울이면 당신은 친절하고 친근한 사람으로 인식될 것입니다. 상대방으로부터 배울 수도 있습니다. 특히 당신이 우리의 조언을 따르고 '함께하는 사람들의 원칙'을 따르는 경우 당신 주변 사람을 신중히 선택하길 권합니다.

정보를 너무 많이 공유하지 마시고 건강한 직업적 관계를 구축하는 데 기꺼이 동참하세요. 선을 그어야 하고 벽은 세우면 안 됩니다. **"좋은 울타리가 좋은 이웃을 만든다"**라는 속담은 일상에서 사람들을 소외시키는 것이 아니라 모든 것을 적절한 위치에 둔다는 말입니다. 그런 점에서 조세프 포트 뉴튼(Joseph Fort Newton)의 말이 맞습니다. **"사람들은 다리 대신 벽을 세우기 때문에 외로워진다"**.

전문가로서 당신이 성공으로 향하는 길에 세워야 할 벽과 허물어야 할 벽을 지혜롭게 구별하세요.

아무에게도 악을 악으로 갚지 말고, 모든 사람이 선하다고 생각하는 일을 하려고 애쓰십시오. (로마서 12:17)

이 성경 구절은 절제의 원칙을 실천하는 데 있어 중요한 지침을 제공합니다. 우리는 항상 선을 행하려 노력해야 하며, 이는 우리의 감정이나 충동을 조절하는 능력을 필요로 합니다.

절제의 원칙을 실천하기 위해 우리는 다음과 같은 점들을 기억해야 합니다.

① **감정 조절:** 화나 분노와 같은 강한 감정을 조절하는 법을 배우세요.

② **장기적 시각 유지:** 즉각적인 만족보다는 장기적인 목표에 집중하세요.

③ **규율 있는 생활:** 일상생활에 규율을 세우고 지키세요.

④ **균형 잡힌 생활:** 일과 삶의 균형을 유지하세요.

⑤ **자기 인식:** 자신의 강점과 약점을 인식하고 개선하려 노력하세요.

⑥ **책임감 있는 행동:** 자신의 행동에 대해 책임을 지세요.

⑦ **건강한 경계 설정:** 개인적인 삶과 직업적인 삶 사이에 적절한 경계를 설정하세요.

⑧ **지속적인 학습:** 자기 개발을 위해 끊임없이 배우고 성장하세요.

⑨ **겸손 유지:** 성공했을 때도 겸손함을 잃지 마세요.

⑩ **윤리적 행동:** 모든 상황에서 윤리적으로 행동하세요.

절제의 원칙은 단순히 자신을 억누르는 것이 아닙니다. 이는 자신의 행동과 감정을 지혜롭게 조절하여 더 나은 결과를 얻고, 더 성숙한 인격을 형성하는 것을 의미합니다. 이 원칙을 실천함으로써 우리는 개인적으로나 직업적으로 더 큰 성공을 이룰 수 있습니다.

특히 직장에서 절제의 원칙을 실천하는 것은 매우 중요합니다. 우리의 행동이 항상 관찰되고 있다는 것을 인식하고, 전문성을 유지하는 것이 필요합니다. 동시에 동료들과 건강한 관계를 유지하면서도 적절한 경계를 설정하는 것이 중요합니다.

절제의 원칙은 또한 우리가 다른 사람들과 어떻게 상호작용하는지에도 영향을 미칩니다. 우리는 다른 사람의 감정과 상황을 고려하면서도 자신의 감정과 생각을 적절히 표현할 수 있어야 합니다. 이는 건강한 직장 문화를 조성하고 효과적인 팀워크를 가능하게 합니다.

결론적으로 절제의 원칙은 우리의 개인적·직업적 성공에 핵심적인 역할을 합니다. 이는 우리가 충동적인 행동을 피하고, 장기적인 목표에 집중하며, 건강한 관계를 유지할 수 있도록 해줍니다. 또한 이 원칙은 우리가 윤리적이고 책임감 있는 방식으로 행동하도록 돕습니다.

절제의 원칙을 실천하는 것은 쉽지 않을 수 있지만, 이는 지속적인 노력과 연습을 통해 개발될 수 있는 기술입니다. 이 원칙을 일상생활에 적용할 때 우리는 더 나은 전문가, 더 나은 동료 그리고 더 나은 인간이 될 수 있습니다. 이는 단순히 개인의 성공을 위한 것만이 아니라 우리가 속한 조직과 사회 전체의 발전에도 기여하는 중요한 요소입니다.

송요한 선교사님과의
특별한 만남

Q. 안녕하세요, 송요한 선교사님! 먼저 본인 소개를 부탁드리겠습니다.

† 안녕하세요. 저는 남아프리카공화국에서 기타리스트로 활동하며 동시에 선교사로 사역 중인 송요한입니다. 조금은 특별한 방식으로 하나님을 전하고 있는데, 기타 연주를 통해 사람들에게 하나님의 사랑과 복음을 전하는 것이 저의 사명입니다. 처음 남아공에 왔을 때 선교사로서의 삶이 막막하고 두려웠지만, 음악이라는 도구를 통해 마음을 여는 법을 배웠습니다. 하나님께서 이끄시는 대로 이제는 선교지에서 저만의 길을 걸어가고 있습니다.

Q. 송요한 선교사님, '진정한 성공'에 대한 선교사님의 정의는 무엇인가요?

† 세상에서는 돈이 많거나 유명한 사람을 보고 성공했다고 말하죠. 하지만 하나님의 시선으로 볼 때 진정한 성공은 다릅니다. 하나님 보시기에 좋은 사람, 예수님의 사랑이 겉으로 드

러나는 사람, 그리고 마지막 순간까지 하나님 앞에 순종하며 믿음으로 사는 사람, 이런 삶을 사는 것이 진정한 성공이라고 생각합니다.

Q. 성경 말씀 중에서 지금까지도 가슴속에 품고 있는 구절과 그 말씀이 주는 중요한 교훈이 있다면 무엇인가요?

† 마태복음 5장, 6장, 7장 말씀은 제가 평생을 읽고 또 읽은 말씀입니다. 예수님이 직접 사람들에게 말씀해 주신 귀한 말씀이며, 힘들고 어려운 순간마다 저에게 직접 주시는 말씀처럼 저의 모든 지혜의 근간이 된 말씀입니다. '심령이 가난한 자는 복이 있나니 천국이 그들의 것임이요'로 시작하는 예수님의 말씀은 이 세상의 그 어떠한 논리나 무엇으로도 반박할 수 없는 최고의 지혜이며, 악한 마음이나 세상 유혹이 다가와도 모두 물리칠 수 있는 예수님이 저희들에게 주신 너무나 큰 선물과도 같은 말씀입니다.

Q. 삶을 더욱 풍요롭게 하기 위해 성경 속 교훈을 일상생활에 어떻게 적용해야 한다고 생각하시나요?

✝ 가장 중요한 것은 하나님을 최우선으로 두는 것입니다. 그렇게 하면 나머지는 자연스럽게 따라옵니다. 말투에 사랑이 묻어나고, 약한 자를 긍휼히 여기며, 모든 일을 하나님께 영광 돌리기 위해 최선을 다하게 되죠. 하나님의 자녀임을 스스로 인정하고 가장 위대하고 놀라우신 하나님 아버지를 이 세상 앞에서 부끄러워하지 않을 때 모든 것을 아시는 하나님 아버지께서 우리의 삶을 더욱 풍요롭게 이끄실 것이라 믿습니다.

Q. 이 책에서 가장 크게 와 닿았던 원칙이 있다면 무엇인가요?

✝ 모든 원칙이 크게 와 닿았지만 가장 큰 공감이 된 원칙은 저에게는 역시 사랑의 원칙입니다. 사랑의 원칙은 제 삶 전체를 주관하는 원칙이라고 해도 과언이 아닙니다. '너의 마음과 영혼과 온 정신을 다하여 주 하나님을 사랑하라'라는 첫 번째 계명과 '네 이웃을 네 몸처럼 사랑하라'라는 두 번째 계명, 이 두 가지가 제 삶의 나침반이 되었습니다. 이 사랑의 원칙 하나로 많은 어려움과 유혹을 이겨낼 수 있었죠.

Q. 선교사님의 연주와 사고방식에 종교적 믿음과 체험이 가져다준 변화가 있다면 무엇인가요?

† 제 삶은 급격한 변화를 겪었습니다. 아버님이 돌아가시고 어머니는 선교사로 남아프리카 공화국에 가시게 되면서, 저는 아는 사람 한 명도 없는 먼 아프리카 땅에서 살게 되었죠. 처음에는 냉혹한 성격이 되어버렸지만 하나님께서 저를 연단하시기 시작했습니다. 교만함과 나약함을 물리쳐 주시고 무엇보다 제 마음속에 사랑을 키워 주신 것입니다. 하나님이 저를 사랑하신다는 사실을 직접 체험하게 하셨고, 그로 인해 저 역시 그 사랑을 다른 사람들에게 베풀 수 있게 되었습니다.

Q. 하나님의 말씀과 가르침이 인생에서 어떤 방향성과 목표를 제공해주었나요?

† 제가 생각하는 가장 중요한 가르침은 바로 사랑입니다. 상대방을 긍휼히 여길 수 있게 된 순간, 저의 삶의 방향과 목표는 크게 변했습니다. 특히 아프리카에서 많은 어려운 아이들을 만나면서 단순히 일시적인 도움을 주는 것을 넘어 그들에게 천국에 대한 소망을 주는 것이 가장 시급하고 중요한 일이라고 깨달았습니다. 이 모든 것은 사랑 없이는 불가능합니다.

예수님의 가르침 중에서 무엇보다 중요한 것은 서로 사랑하는 마음이며, 그 사랑하는 마음이 모두와 함께 천국에 가자는 소망과 삶의 목적을 준다고 믿습니다.

Q. 성경적 가치와 교훈이 선교사님의 일상생활, 학업 그리고 글쓰기에 어떤 방식으로 영향을 끼쳤나요?

† 성경적 가치와 교훈은 자기 자신을 위한 삶에서 하나님이 내 주인 되심을 알게 하는 매우 큰 영향을 줍니다. 하나님이 가장 최우선이고 하나님께 영광을 돌리는 것과 복음을 전하는 것이 무엇보다도 중요한 가치가 되었습니다. 이는 제 일상생활 전반에 영향을 미쳐 말투에 사랑이 묻어나고, 약한 자를 긍휼히 여기며, 공부를 하고 일을 할 때도 이것이 하나님께 영광을 돌리기 위한 일이라고 생각하며 더욱 최선을 다하게 되었습니다.

Q. 인생을 살아가는 데 있어 실패한 삶이란 어떤 삶이라 여기시는지 궁금합니다.

† 실패한 삶은 하나님과 전혀 관계없는 삶을 사는 것이라고 생

각합니다. 이 세상 모든 사람이 칭송하고 위대하다고 떠받들어도 하나님과 본인만 아는 관계 속에서 자신이 죄인이라면 그 삶은 실패한 삶일 것입니다. 하나님이 기뻐하시지 않는 삶, 하나님 없이 이 세상을 즐겁게만 살다가 마지막 순간까지도 하나님께 돌아가지 못한다면 그것만큼 안타깝고 무서운 일은 없을 것입니다.

Q. 하나님이 선교사님 곁에서 살아계심을 느끼실 때가 언제인지, 기억나는 에피소드가 있다면 말씀 부탁드립니다.

† 20대 초중반에 일본에서 열심히 공부하고 일하며 성과를 내던 중 갑자기 몸이 아프기 시작했습니다. 모든 것을 포기하고 남아공으로 돌아왔을 때 저는 29세였고 할 수 있는 일이 마땅치 않았습니다. 그때 취미로 시작한 기타 연주가 놀랍게도 두각을 나타냈고, 현재는 정규 앨범을 3장이나 발매하며 수백 번 이상의 공연 경험과 더불어 아프리카는 물론 한국과 일본에서도 연주 활동을 하게 되었습니다. 아무것도 할 수 없다고 느끼고 온전히 하나님만 의지할 때 하나님은 제게 상상도 못한 힘을 주셨습니다. 지금도 제가 연주하고 간증할 때마다 성령 하나님은 항상 함께하고 계십니다.

PART 4

관계에 관한
원칙

CHAPTER 16

사랑의 원칙

'선생님, 율법 가운데 어느 계명이 중요합니까?' 예수께서 그에게 말씀하셨다. '네 마음을 다하고, 네 목숨을 다 하고, 네 뜻을 다하여, 주 너의 하나님을 사랑하여라' 하였으니, 이것이 가장 중요하고 으뜸 가는 계명이다. 둘째 계명도 이것과 같은데, '네 이웃을 네 몸과 같이 사랑하여라' 한 것이다. 이 두 계명에 온 율법과 예언서의 본 뜻이 달려 있다. (마태복음 22:36-40)

이웃을 사랑하는 것은 대인관계와 사회관계에서 좋은 출발점입니다. 그렇게 함으로써 당신이 이웃을 어떻게 대하고 어떻게 가치 있게 여기는지 드러납니다.

마하트마 간디(Mahatma Gandhi), 마틴 루터 킹 주니어(Martin Luther King Jr) 박사, 넬슨 만델라(Nelson Mandela)와 같은 위대한 지도자들은

'사랑의 원칙'을 실천했습니다. 이들은 비폭력적이고 평화로운 저항과 시민 불복종 개념을 통해 큰 변화를 이끌어냈습니다. 이 강력한 영적 원칙은 대부분의 사람들이 불가능하다고 생각하는 구체적인 결과를 만들어냈습니다.

킹 박사의 설교 중 인상적인 구절이 있습니다.

우리를 가장 심하게 반대하는 사람들에게 말합니다. '당신들이 고통을 주는 능력에 우리는 고통을 참는 능력으로 대응할 것입니다. 당신들의 물리적 힘에 우리는 영혼의 힘으로 대응할 것입니다. 당신이 우리에게 어떻게 하든 우리는 여전히 당신을 사랑할 것입니다…'

예수님은 이렇게 말씀하셨습니다.

'네 이웃을 사랑하고, 네 원수를 미워하여라' 하고 말한 것을 너희는 들었다. 그러나 나는 너희에게 말한다. 너희 원수를 사랑하고, 너희를 박해하는 사람을 위하여 기도하여라. (마태복음 5:43-44)

적을 사랑하고 용서하고 그들을 위해 기도하는 것은 많은 사람에게 거의 불가능한 것으로 여겨질 수 있습니다. 그러나 이는 적을 친구로 변화시키고 다른 사람들에게 긍정적인 인상을 심어줄 수 있는 강력한 방법입니다.

♦ 황금 원칙 ♦

그러므로 너희는 무엇이든지, 남에게 대접을 받고자 하는 대로, 너희도 남을 대접하여라. 이것이 율법과 예언서의 본뜻이다. (마태복음 7:12)

황금 원칙은 다른 사람들이 우리에게 해주길 바라는 대로 다른 사람들을 대우하라고 가르칩니다. 이는 모든 인간관계에 적용될 수 있는 간단하면서도 효과적인 원칙입니다.

나폴레옹 힐은 황금률을 전문가의 성공에 도움을 준 매우 효과적인 원칙으로 이해했습니다. 그는 이를 인간관계의 자석 이론으로 설명했습니다.

자신을 자신의 성격과 조화를 이루는 사람들을 끌어당기는 일종의 인간 자석으로 생각하면 이 법칙을 아주 쉽게 이해할 수 있습니다. 따라서 자신을 자신의 지배적인 특성과 조화를 이루는 모든 사람을 끌어당기고 그렇지 않은 모든 사람을 밀어내는 자석으로 간주할 때, 당신은 또한 당신이 그 자석을 만드는 사람이라는 사실과 당신이 설정하고 따르고자 하는 이상에 부합하도록 그 성격을 바꿀 수 있다는 사실을 명심해야 합니다. 그리고 무엇보다도 이 모든 변화의 과정은 생각을 통해 일어난다는 사실을 명심해야 합니다!

하지만 황금률을 통해 강조되는 사랑의 법칙은 사람들을 끌어

당기는 것 이상으로 이를 따르는 사람들에게도 혜택을 줍니다. 각 개인의 커리어와 비즈니스는 인간관계의 직접적인 결과이므로, 유쾌하고 상냥한 태도로 다른 사람들이 함께 있고 싶어 하는 사람이나 회사가 되는 사람들에게는 특별한 이점이 주어질 것입니다.

♦ 다른 사람들에게 감사하기 ♦

몸은 하나이지만 많은 지체가 있고, 몸의 지체는 많지만 그들이 모두 한 몸이듯이, 그리스도도 그러하십니다. (고린도전서 12:12)

그러나 아름다운 지체들은 그럴 필요가 없습니다. 하나님께서는 몸을 골고루 짜 맞추셔서 모자라는 지체에게 더 풍성한 명예를 주셨습니다. 그래서 몸에 분열이 생기지 않게 하시고, 지체들이 서로 같이 걱정하게 하셨습니다. 한 지체가 고통을 당하면, 모든 지체가 함께 고통을 당합니다. 한 지체가 영광을 받으면, 모든 지체가 함께 기뻐합니다. (고린도전서 12:24-26)

핵심은 몸의 모든 부분이 중요하다는 것입니다. 같은 원리가 팀, 부서, 회사에서 작동합니다. 그러므로 우리는 사회나 회사의 위계질서 안에서 그들의 위치와 상관없이 모든 사람을 중요하게 여기고 감사해야 합니다.

인생의 보드게임에서 각각의 조각은 그 가치가 있습니다. 그것이 어떤 것이든 각자 수행해야 하는 역할에 감사해야 합니다. 당신의 역할이 단순하더라도 그것을 자랑스러워하고 잘 수행하세요.

이 아이디어는 매우 단순합니다. 즉, 이웃을 존중하고 자신을 존중하세요. 팀의 각 구성원을 생각하세요. 자신을 사랑하는 것처럼 이웃을 사랑하세요.

사랑의 척도는 척도 없이 사랑하는 것입니다. (성 아우구스티누스)

사랑의 원칙을 실천하기 위해 우리는 다음과 같은 점들을 기억해야 합니다.

① **모든 사람을 존중하세요**: 지위나 역할에 상관없이 모든 사람을 동등하게 대하세요.

② **공감 능력을 키우세요**: 다른 사람의 입장에서 생각해보는 습관을 기르세요.

③ **용서를 실천하세요**: 과거의 상처를 놓아주고 새로운 관계를 시작할 수 있는 용기를 가지세요.

④ **친절을 베푸세요**: 작은 친절한 행동으로도 큰 변화를 만들 수 있습니다.

⑤ **적극적으로 경청하세요**: 다른 사람의 말을 진심으로 듣고 이해

하려 노력하세요.

⑥ **감사를 표현하세요**: 주변 사람들의 노력과 기여를 인정하고 감사를 표현하세요.

⑦ **비판을 자제하세요**: 남을 판단하기보다는 이해하려 노력하세요.

⑧ **봉사 정신을 가지세요**: 다른 사람을 돕는 것이 곧 자신을 돕는 것임을 기억하세요.

⑨ **긍정적인 태도를 유지하세요**: 어려운 상황에서도 희망과 긍정을 잃지 마세요.

⑩ **자기 자신을 사랑하세요**: 자신을 사랑하는 것이 다른 사람을 사랑하는 기초가 됩니다.

사랑의 원칙은 단순히 개인적인 관계에만 적용되는 것이 아닙니다. 이는 비즈니스 세계에서도 중요한 역할을 합니다. 고객, 동료, 직원들을 사랑과 존중으로 대할 때 우리는 더 강력한 관계를 구축하고 더 나은 결과를 얻을 수 있습니다.

결론적으로 사랑의 원칙은 우리의 모든 관계와 상호작용의 기초가 되어야 합니다. 이를 실천함으로써 우리는 더 나은 세상을 만들어갈 수 있으며, 개인적으로나 직업적으로 더 큰 성공과 만족을 얻을 수 있습니다. 사랑은 단순한 감정이 아니라 선택이며 행동입니다. 매일 사랑을 선택하고 실천하는 것이 바로 이 원칙의 핵심입니다.

합의의 원칙

두 사람이 미리 약속하지 않았는데, 그들이 같이 갈 수 있겠느냐?

(아모스 3:3)

합의의 원칙은 상대방과 건강하고 우호적인 관계를 추구하고 불필요한 전쟁과 소송을 피하며 어디서나 피스메이커 역할을 하는 것입니다. 합의는 심지어 당신의 적들과도 필요하고 배우자, 가족, 사업 파트너, 내·외부 고객, 공급업체와의 관계에서는 더욱 중요합니다. 합의는 문제를 일으키지 않도록 도와주는 것뿐만 아니라 무엇보다 아주 근본적인 것을 창조하는 데 기여합니다. 즉, 당신의 관계 네트워크입니다. 다른 사람들이 우리와 협력할 때 성공 확률이 더 높아진다는 것을 많은 사람이 잊어버립니다.

전문가들은 인격적으로 또 전문적으로 성장의 세 가지 기본 단계를 의존, 독립, 상호의존이라고 말합니다. 인생 초반 아기 때나 사회생활을 시작할 때 우리는 주변 사람들에게 100% 의존합니다. 다음 단계인 10대로서 또는 최근 승진한 직원으로서는 기본적인 의무를 독립적으로 하게 됩니다. 대부분 상황에서 무엇을 해야 하는지 스스로 알고 있습니다.

성인이나 엘리트 전문가로서 드디어 우리는 가장 진보한 단계에 도달합니다. 즉, 상호의존입니다. 이 단계에서 한 개인은 다른 사람들이 얼마나 필요한지 그리고 그들은 또한 자신을 얼마나 필요로 하는지 알고 있습니다. 합의의 원칙을 이해하고 협력적이고 다른 사람들과의 협력을 추구하는 사람들만 최고의 자리에 도달하고 그곳에 머물 수 있습니다. 합의가 있는 곳에 시너지가 일어나고 상호발전의 선순환이 이루어집니다.

상대방과 관계를 맺는 상황에서 우리는 모든 부류의 사람들과 어울리는 방법과 차이를 극복하는 방법을 배워야 합니다. "나는 다른 뺨을 돌려대지 않을 거야"(예수님의 말씀으로부터 온 표현)라고 말하는 사람들이 있습니다. 그들은 늘 싸우는 경향이 있고 용서나 합의를 원치 않습니다. 그러나 용서하고 타협할 자세는 직업적·개인적 성공을 추구하는 사람들이 가진 중요한 특징입니다.

법정에서는 갈등이 발생하면 항상 합의를 추구합니다. 브라질 변호사들은 이렇게 말합니다. "나쁜 합의가 좋은 싸움보다 낫다". 중재인과 판사들은 법정에 오는 수많은 논란에서 합의를 끌어내라는 요청을 받습니다. 그들이 실패하면 법정은 사건을 기각합니다.

입법자들은 갈등이 심화되는 것을 피하고 당사자들과 국가가 시간과 비용을 소모하지 않도록 예방조치를 취해놓은 것입니다. 마찬가지로 외교는 국가 간 이해를 논의하고 갈등을 피하는 메커니즘입니다. 국제기구들과 지역 연합은 국가 간 상호성장과 무역 증대를 위해 노력합니다.

♦ 갈등 회피 ♦

> 너를 고소하는 사람과 함께 법정으로 갈 때에는, 도중에 얼른 그와 화해하도록 하여라. 그렇지 않으면, 고소하는 사람이 너를 재판관에게 넘겨주고, 재판관은 형무소 관리에게 넘겨주어서, 그가 너를 감옥에 집어넣을 것이다. (마태복음 5:25)

예수님이 "상대방과의 갈등을 신속히 해결하라"(마태복음 5:25)라고 말할 때 그 의도는 전쟁을 피하는 것이었습니다. 모세 시대에 하나님께서 이스라엘 백성들을 가르치실 때 전쟁에 관한 원칙을 정했습니다. 즉, "당신들이 어떤 성읍에 가까이 가서 공격할 때에는, 먼저 그 성읍에 평화를 청하십시오"(신명기 20:10). 전쟁을 시작하면 인명피해와 재산피해가 발생하므로 전쟁은 갈등 해결의 마지막 수단이 되어야 합니다. 예수님은 한걸음 더 나아가 적을 사랑하라고 가르쳤습니다.

사도 바울도 다음과 같은 아름다운 교훈을 전합니다.

무슨 일을 하든지, 경쟁심이나 허영으로 하지 말고, 겸손한 마음
으로 하고, 자기보다 서로 남을 낫게 여기십시오. (빌립보서 2:3)

이 말은 권위나 존엄을 포기하라는 것이 아니라 갈등과 오만을
피해야 한다는 뜻입니다. 우리는 기업이나 조직의 최상층에 있을
때 공격적이지 않더라도 권위를 인정받을 수 있습니다. 사람들은
갈등을 해결하려고 노력하는 사람들을 존경하고 문제를 일으키
는 사람들을 경계합니다.

17세기의 고전『세속적 지혜의 기술(The Art of Worldly Wisdom)』에
서 발타자르 그라시안(Baltasar Gracián)은 스페인 바로크 양식의 가
장 중요한 작가 중 한 명으로 오늘날 전략가와 정치인들도 따르
는 심오한 조언을 합니다. 그라시안의 마지막 메시지는 한마디로
'성자가 되어라'입니다. 그는 덕은 모든 것이 완벽히 연결된 것이라
고 찬양하며 "인간은 세 가지 H로 행복해진다. 바로 건강(Health), 거룩함
(Holiness), 지성(Headpiece)이다"라고 말합니다. 미덕은 소우주의 태양
이며 반구에 좋은 양심을 갖고 있습니다. 미덕은 아름다워 하나님
과 사람들로부터 사랑을 받습니다. 한 인간의 잠재력과 위대함은
그의 행운이 아닌 미덕으로 측정되어야 한다고 말합니다.

그라시안의 조언은 약 300년 전에 주어졌지만 성경에서는 거의
2000년 전에 주어졌습니다. "여러분을 불러주신 그 거룩하신 분을 따

라 모든 행실을 거룩하게 하십시오."(베드로전서 1:15). 올바로 행동하고 사람들의 존경을 받는 사람은 누구도 실패하지 않습니다. 그러니 당신의 친구들과 원수들 모두로부터 당신의 존엄성을 보증 받을 수 있는 수준의 행동을 하세요.

당신의 미덕을 사람들이 알아보기 시작할 때 당신을 질투하는 사람들은 당신이 쌓은 좋은 인상을 무너뜨리려고 할 겁니다. 그럴 때는 인내심을 갖고 상대방의 도발에 대응하지 말고 시간이 해결하도록 지켜보세요. 일반적으로 진리가 이길 것입니다. 사람들이 당신을 질투한다는 것은 성공의 신호입니다. 불편한 신호이지만 신호는 신호입니다.

아마 살아가면서 당신은 존경심과 관심을 가지고 대했지만 당신과 같은 관심과 존경심을 보이지 않는 사람들이 있을 수도 있습니다. 그것은 인간이 가진 본성 중 하나입니다. 선을 베푼 대가로 모욕, 명예훼손, 속임수, 배은망덕을 경험하는 경우도 많습니다.

예수님의 예는 흥미롭습니다. 성경에는 예수님이 개입하고 심지어 도움을 주었던 일부 사람들이 예수님을 경멸한 사실이 나와 있습니다. 그럼에도 불구하고 예수님의 가르침은 더 멀리멀리 퍼져나갔습니다. 배은망덕한 사람들을 뒤로하고 예수님은 그의 사명을 추구하였습니다. 우리도 그래야 합니다. 우리가 정직하게 대해주었고 도움을 준 많은 사람들 가운데서 우리 편이 될 감사하는 사람들과 가치 있는 사람들로 군대를 조직할 것입니다. 그 일을 해내는 데 물론 시간이 걸리겠지만 우리의 개인적인 삶과 직업적인 삶에 황금 같은 가치가 있습니다.

그러니 선을 행하고 남들과 협력하고 평화를 추구하세요. 어떤 사람들은 당신의 선량한 성향을 악용하려고 하겠지만 대부분은 당신과 당신의 명성에 인연을 맺고 싶어 할 것입니다. 그러니 침착하세요. 당신이 도움이 필요할 때 친구들이 당신을 보호하기 위하여 뛰어들 것입니다. 진정한 친구는 좋을 때가 아니라 어려울 때 드러난다는 것을 기억하세요. "사랑이 언제나 끊어지지 않는 것이 친구이고, 고난을 함께 나누도록 태어난 것이 혈육이다"(잠언 17:17). 그러면 어려운 순간조차 긍정적일 수 있습니다. 그 순간 진정한 친구를 발견하게 됩니다.

♦ 긍정적인 태도를 유지하라 ♦

주님의 종은 다투지 말아야 합니다. 그는 모든 사람에게 온유하고, 잘 가르치고, 참을성이 있어야 하고. (디모데후서 2:24)

좋은 관계의 비결은 분별력에 있습니다. 사람들을 괴롭히지 마세요. 사람들이 당신에게 싫증을 낼 만큼 신경질이 나고 짜증나게 하는 사람이 되지 마세요. 떠나 달라는 부탁을 받기 전에 떠나세요. 사람들과 억지로 친해지려고 하지 마세요. 솔로몬 왕의 경고를 따르세요.

이웃집이라 하여 너무 자주 드나들지 말아라. 그가 싫증이 나서
너를 미워하게 될지도 모른다. (잠언 25:17)

무슨 수를 써서라도 당신 자신을 빛내려고 하지 마세요. 회의할
때는 본론으로 곧장 가서 정확한 메시지를 주고 최대한 빨리 우아
하게 자리를 떠나세요. TAM 항공사(현 LATAM 항공사)의 기장이자
창립자인 롤림 아마로(Rolim Amaro)는 이렇게 말했습니다. "끌어들여
야 할 사람이 있는 것이 내쫓아야 할 사람이 있는 것보다 낫다".

기업 코치 에드와르도 알메이다(Eduardo Almeida)는 오늘날의 세
계는 이론적 지식만으로는 충분하지 않다고 주장합니다. 전문적
인 스킬, 올바른 태도, 원만한 인간관계가 필요합니다. 2012년 그
는 상파울루에서 개최된 에두카(Educar) 행사에서 기업에서 일어나
는 해고의 80%는 태도(행동) 때문이며 기술(지식) 부족 때문은 20%
에 불과하다는 사실을 언급하며 관심을 끌었습니다.

채용, 해고, 경력 관련 기업 책임자들의 조사에 의하면 해고의
17.6%는 인간관계 문제(동료, 상사와 잘 어울리지 못하고 효과적인 감독관이
되지 못함) 때문이고 9.3%는 과도한 결근과 지각 때문이었습니다.
직원의 5%는 에너지 부족으로 해고되며 전문성 부족으로 14.7%
가 해고되고 실적 부진으로 28%가 해고됩니다.

팀의 일원으로 성공하려는 사람들의 가장 중요한 특징 중 하나
는 용서하는 능력과 실수와 모욕을 흘려보내는 것입니다. 과민반
응하지 않고 원한을 품지 않는 것이 중요합니다. 성공한 사람들은

공격받을 때 담아두지 않고 거친 말을 하지 않으며 복수하지도 않습니다. 그들은 약하거나 다루기 힘든 사람들에게 관대한 마음을 갖고 있습니다. 이는 아주 가치 있는 성품입니다.

싸움, 분쟁, 소송에 휘말리지 마세요. 최선의 방어 수단은 상대방에게 해를 끼치지 않는 것입니다. 이것은 많은 훈련이 필요한 단순한 해결책입니다. 성경에서 솔로몬 왕은 "다툼을 멀리하는 것이 자랑스러운 일인데도, 어리석은 사람은 누구나 쉽게 다툰다"(잠언 20:3)라고 말했습니다. 그리고 "부드러운 대답은 분노를 가라앉히지만, 거친 말은 화를 돋운다"(잠언 15:1)라고 덧붙였습니다. 전쟁 대신 평화를 택하면 주변 사람들을 기분 좋게 해주는 사람이 되고 부담 없이 길을 걸으며 더 생산적인 일에 초점을 맞출 수 있습니다.

솔로몬 왕은 또 다른 중요한 조언을 합니다. "노하기를 더디 하는 것은 사람의 슬기요, 허물을 덮어주는 것은 그의 영광이다"(잠언 19:11). 성경 구절에는 버전에 따라 다른 해석이 있습니다. 이 구절의 몇 가지 다른 해석을 예로 들겠습니다.

① 사람의 분별력은 그의 노를 미루며 허물을 넘어가는 것이 그의 영광입니다(KJV).
② 사람의 분별력은 그를 노할 데 없게 만들며 허물을 넘어가는 것이 그의 영광입니다(ASV).
③ 인내하고 다른 사람을 용서함으로써 당신이 어떤 사람인지 보여주는 것이 현명합니다(CEV).

④ 상대방을 이해해주면 그는 노하지 않습니다. 상대방의 허물을 용서하고 잊는 것이 그에게 영광입니다(NLV).

사람들이 이 조언을 따른다면 싸움은 더 적게 일어날 것입니다. **"탱고 춤을 추려면 두 명이 필요하다"**라는 속담이 있습니다.
하지만 시장에서는 공격적이 될 것을 요구하지 않나요?

너를 의지하며 살고 있는 너의 이웃에게 해를 끼칠 계획은 꾸미지 말아라. 너에게 해를 끼치지 않는 사람과는, 까닭 없이 다투지 말아라. (잠언 3:29-30)

평화주의와 비폭력 원칙을 따르기로 했다면 최소한 한 명 이상의 비평가가 "하지만 시장에서는 당신이 공격적이 될 것을 요구하지 않나요?"라고 물을 것입니다. 네, 맞습니다. 하지만 이 공격성은 개인이나 기업을 향한 것이 아닙니다. 시장에서 공격적인 태도는 혁신 능력과 고객 확보, 제품 가시성 부여, 더 효율적인 서비스를 더 낮은 가격에 제공하는 능력과 관련되어 필요한 것입니다.
우리는 경쟁에서 이기려는 것이지 경쟁을 파괴하려는 것이 아닙니다. 다른 사람들에게 해를 입히지 않고서도 시장에서 성공할 수 있습니다. 시장은 거대하고 성장하고 있고 합의의 원칙을 따르는 모든 사람이 머물 자리가 있습니다.

자신을 찍어 상처를 낸 도끼에 향기를 내주는 백단나무처럼 되어라. (중국 속담)

이 속담은 합의의 원칙을 잘 요약해줍니다. 우리가 해를 입더라도 선으로 대응할 때 우리는 더 나은 관계와 더 나은 세상을 만들어갈 수 있습니다.

합의의 원칙을 실천하기 위해 우리는 다음과 같은 점들을 기억해야 합니다.

① **갈등을 피하려 노력하세요:** 불필요한 싸움을 피하고 평화로운 해결책을 찾으세요.

② **타협할 줄 아세요:** 모든 상황에서 100% 자신의 방식만을 고집하지 마세요.

③ **다른 사람의 관점을 이해하려 노력하세요:** 상대방의 입장에서 생각해보세요.

④ **용서하는 마음을 가지세요:** 과거의 잘못을 계속 들추지 말고 앞으로 나아가세요.

⑤ **긍정적인 태도를 유지하세요:** 부정적인 상황에서도 긍정적인 면을 찾으려 노력하세요.

⑥ **협력을 추구하세요:** 경쟁보다는 협력을 통해 더 큰 성과를 얻을 수 있습니다.

⑦ **인내심을 가지세요:** 관계 개선과 합의 도출에는 시간이 필요할

수 있습니다.

⑧ **존중하는 태도를 보이세요:** 모든 사람을 존중하고 그들의 가치를 인정하세요.

⑨ **열린 마음을 가지세요:** 새로운 아이디어와 다른 관점을 받아들일 준비를 하세요.

⑩ **윈-윈 해결책을 찾으세요:** 모든 당사자가 만족할 수 있는 해결책을 찾으려 노력하세요.

합의의 원칙은 단순히 갈등을 피하는 것이 아닙니다. 이는 더 나은 관계를 구축하고, 더 효과적으로 협력하며, 궁극적으로 더 큰 성공을 이루는 방법입니다. 이 원칙을 실천함으로써 우리는 개인적으로나 직업적으로 더 풍요로운 삶을 살 수 있으며, 주변 사람들과 더 긍정적인 관계를 맺을 수 있습니다.

유용성의 원칙

무화과나무를 가꾸는 사람이 그 열매를 먹듯이, 윗사람의 시중을
드는 사람이 그 영화를 얻는다. (잠언 27:18)

성경에서는 당신이 쓸모 있는 사람임에도 그렇지 않게 살 때,
선한 일을 행할 수 있는데 행하지 않을 때, 그것을 죄로 여깁니다.
성경에 등장하는 용어인 '죄'는 살인, 거짓말, 간음, 도둑질만 가리
키는 말이 아닙니다. 즉, 죄에는 나쁜 행위를 저지르는 것뿐만 아
니라 올바른 일을 행하지 않는 것도 포함됩니다. 선을 행하지 않
는 것은 잘못입니다. "그러므로 사람이 해야 할 선한 일이 무엇인지
알면서도 하지 않으면, 그것은 그에게 죄가 됩니다"(야고보서 4:17). 성경
에서는 필요한 사람이 되라고 사람들에게 말합니다. 당신은 종교
적 이유로 죄를 짓는 것을 피하기 위해서나 또는 단순히 직업적으

로 성공하고 싶을 때에나 유용성의 원칙을 따를 수 있습니다.

자신의 도움을 원하는 사람이 없다고 생각해 다른 사람을 섬길 필요가 없다고 생각하는 사람들이 많습니다. 그래서 때때로 소심하거나 자만심 때문에 고립을 선택합니다. 하지만 이런 행동은 당신이 전문가로 성장하는 데 방해가 됩니다. 예수님은 이렇게 분명히 말했습니다. "누구든지 첫째가 되고자 하면, 그는 모든 사람의 꼴찌가 되어서 모든 사람을 섬겨야 한다"(마가복음 9:35). 여기서 '하인'이 된다는 것은 모든 사람에게 쓸모가 있어야 한다는 뜻입니다.

당신 자신의 필요를 성취시켜 주기 위해 당신을 고용하는 기업은 없을 겁니다. 당신은 기업의 필요성 때문에 고용되는 것입니다. 기업은 생존을 위해 수익 창출이 필요하며 수익을 창출하지 못하면 파산하고 맙니다. 예수님은 달란트의 비유에서 신뢰성과 전문적인 경력 발전에 관한 놀라운 원칙을 다루었습니다. 자기 주인의 사업에서 100% 수익을 올린 하인은 다음과 같은 보상을 받았습니다.

그의 주인이 그에게 말하였다. '잘했다! 착하고 신실한 종아. 네가 적은 일에 신실하였으니, 이제 내가 많은 일을 네게 맡기겠다. 와서, 주인과 함께 기쁨을 누려라.' (마태복음 25:21)

얼마나 많은 직원들이 '책임감 있는 관리자가 되겠다'라는 꿈을 품고, 지금 맡은 작은 일들을 성실하고 충실하게 수행하고 있을까요? 하지만 실상은 많은 사람이 먼저 승진부터 하길 기대하면서 승진하고 나면 일에 대한 헌신을 보여주겠다고 생각합니다. 작은 일에서 먼저 자신의 충성됨을 증명해야 합니다.

자신이 훌륭한 일꾼이라는 것을 아직 증명하지 못한 사람을 어느 조직관리자가 승진시키겠습니까? 어떤 사람들은 회사에 이윤을 창출시켜 주지 못해 성공하지 못합니다. 어떤 사람들은 부적절한 경영으로 회사에 위험을 안기기도 합니다. 결과는 항상 현실을 반영합니다. 이런 직원들에게 부정적인 결과가 생기는 것은 당연합니다.

하지만 잘 준비되고 정직하고 헌신적으로 결과를 내놓는 전문가는 최고 직책에 오를 것입니다. 때때로 최고의 급여와 혜택을 제공하면서 누구를 회사의 스타플레이어로 고용할지 결정하는 경매가 열리게 됩니다.

당신이 무엇에 뛰어난지 알고 있나요?

내가 있어야 할 곳에 있는 것은 아니지만 감사하게도 내가 있던 곳
은 아니다. 나는 괜찮고 계속 앞으로 나아가고 있다. (조이스 마이어)

당신이 회사에서 가장 가치 있게 일할 수 있는 방법을 찾아내세요. 자신이 뛰어난 분야를 알아내고 그것에 몰두하세요. 아직 어떤 분야에서도 뛰어나지 않다면 무언가에서는 뛰어나기 위해 노력하세요. 직원이 더 쓸모가 있으면 언젠가 그는 어디에서든 꼭 필요한 존재가 될 것입니다.

회사가 당신 것이든 다른 사람 것이든, 가족 소유든 외국 그룹 소유든 상관없습니다. 현재 직장이 장기적으로 자신의 경력에 적합한지 여부도 중요하지 않습니다. 당신이 거기 있는 한 그 회사에 그리고 당신이 다루고 있는 모든 일에서 쓸모 있는 사람이 되세요.

솔로몬 왕은 "윗사람의 시중을 드는 사람이 그 영화를 얻는다"(잠언 27:18)라고 했습니다. 현명한 매니저는 직원에게 잘 대해주고 그들의 노력에 대한 보상을 주고 그들에게 동기를 부여하고 그 동기를 생산적으로 유지할 것입니다. 하지만 항상 그렇지 않을 수도 있습니다. 존경을 받는 것은 때때로 다른 곳에서 일하라는 초청장일 수도 있습니다. 당신이 일하는 회사가 인재의 가치를 제대로 인식하지 못한다면 언젠가 다른 기업이 그 잠재력을 발견할 것입니다.

당신이 매니저라면 존중받을 사람을 주의 깊게 살펴보고 신경을 쓰세요. 회사를 소유했다면 성경이 권하는 것에 주목하세요. "무화과나무를 가꾸는 사람이 그 열매를 먹듯이, 윗사람의 시중을 드는 사람이 그 영화를 얻는다"(잠언 27:18). 이것은 직원이 회사의 수익을 나눠 갖고 노동법에 보장된 권리를 받는다는 뜻입니다.

회사가 잘 돌아간다면 그 성공은 모두에게 이익이 되어야 합니다. 공정하게 행하고 이익의 '열매'를 직원들과 공유함으로써 회사는 좋은 평판뿐만 아니라 직원들의 충성도 얻을 수 있습니다. 이것은 더 큰 성공으로 이어집니다. 현재 상황이 좋지 않다면 이런 권고들을 받아들이세요. 좋은 방향으로 바뀔지도 모릅니다.

◆ 윈-윈 ◆

**남에게 나누어 주는 데도 더욱 부유해지는 사람이 있는가 하면,
마땅히 쓸 것까지 아끼는데도 가난해지는 사람이 있다.** (잠언 11:24)

누군가가 다른 사람의 희생으로 너무 많은 이익을 얻는다면 언젠가는 그것을 잃을 수 있습니다. 하지만 누군가에게 손해로 보였던 것도 시간이 지나면 이득으로 돌아올 수 있습니다.

거래가 몇 명에게만 유익하다면 그 거래는 오래 유지되지 않을 것이고 불만을 유발할 가능성이 큽니다. 이것은 손해를 입은 당사자가 착취가 덜한 관계를 찾게 할 수 있습니다. 당신의 목표는 모두가 이기는 긍정적인 관계를 만드는 것이어야 합니다.

관계에는 네 가지 유형이 있습니다.

① 패배-패배
② 승리-패배
③ 패배-승리
④ 승리-승리

오직 승리-승리 관계만 오래 유지되고 지속적인 동맹을 만들어 냅니다. 따라서 합리적이고 공정한 범위를 벗어나 수익을 창출하는 자는 위험에 빠집니다. 지나치게 많은 이익은 비즈니스 관계를 위협합니다. 최대한 많이 벌지 않는 것이 현명하지 않다고 생각하는 사람도 있겠지만 상황을 주의 깊게 분석하면 과도한 수익은 기업과 상업적 거래 관계에 원망을 일으킵니다.

경제학에 '래퍼곡선(Laffer Curve)'이라는 그래프가 있습니다. 이 그래프는 정부의 세금 수입이 일정 정도까지만 증가하는 것을 보여줍니다. 세금 징수가 너무 과도하면 납세자의 납세 기피나 제도권 경제활동의 감소 때문에 정부의 세금 수입은 줄기 시작합니다.

래퍼곡선은 사업에도 적용할 수 있습니다. 한 개인이 자신의 사업 파트너, 경제적 연합체, 고객, 공급업체, 매니저, 직원을 착취한다면 수익은 어느 정도까지는 상승하겠지만 이후부터는 감소하기 시작합니다. 그리고 그것은 그 개인이 적절하고 정직하게 행동했을 때 발생했을 것보다 더 낮은 수준으로 감소할 것입니다. 손실은 사업 파탄, 주문 감소, 동료와의 불협화음, 동기 부족에서 발생할 수 있습니다.

당신이 완전 꽉 막힌 범생이가 되라는 것이 아니라 최소한 선한 사람이 되라는 것입니다. 겁쟁이가 되라는 것이 아니라 정직하라는 것입니다. 이것은 모든 사람이 인정하지만 실천하지 않는 진리입니다. 즉, 당신이 하는 모든 일의 대가는 언젠가는 당신에게 돌아옵니다.

브라질에서 연방 판사로 지낸 20여 년 동안 저는 정직과 선행이라는 소중한 씨앗을 꾸준히 뿌려왔습니다. 그 결실로 지금 제 삶에는 많은 축복이 가득합니다. 이는 제가 늘 믿어온 '씨뿌림의 원칙'을 증명하는 것이죠. 일찍 시작할수록, 그리고 더 많이 노력할수록 우리는 더 풍성한 수확을 거두게 됩니다. 이 원칙에 대해 조금 후에 더 자세히 이야기 나누어 보겠습니다. 당신이 이웃에게 유용한 사람이 되고 마음속에 윈-윈의 이상을 품고 일하면 이 씨뿌림의 원칙이 긍정적인 영향을 미칠 것입니다.

♦ 팀워크 ♦

그들은 서로 손발이 맞아서, 서로 힘을 내라고 격려한다. (이사야 41:6)

유용성 원칙을 적용할 때, 즉 팀에 유용한 사람이 되거나 윈-윈 정신을 따를 때 팀 플레이어가 되는 능력은 매우 중요합니다. 아무 팀원도 없이 혼자 일하며 백신을 개발하는 외톨이 과학자의 이미지는 과거의 것입니다. 현대 지식의 다양한 분야와 그들의 상호 교류에서 비롯된 대부분의 정보와 자원은 팀워크에서 나온 것입니다. 혼자서만 효과적으로 일할 수 있는 의사나 변호사도 우리는 상상할 수 없으며 회계사나 엔지니어도 팀 없이는 일할 수 없습니다. 누구나 더 좋은 것을 더 많이 생산하려면 상대방의 도움과 원만한 인간관계가 필요합니다.

현재 사업 환경은 조화롭게 작동할 수 있는 그룹이나 팀이 절실합니다. 우리 대부분이 알고 있는 거물들이 자신의 목표 달성을 위해 다른 사람들과 함께 사업을 시작해야만 했던 것은 우연이 아닙니다. 그들은 자신들의 사고방식을 따르는 사람들을 물색했습니다.

나폴레옹 힐은 두 개 또는 그 이상의 마음이 합쳐지면 그 각각의 합보다 더 큰 것을 만든다며 부른 '마스터 마인드(Master Mind)'를 강조했습니다. 그 자체만으로는 그들 중 아무도 그들이 얻은 성공을 달성하지 못했을 겁니다. 이런 종류의 시너지는 오직 팀만이 만들어낼 수 있습니다.

2010년 HSM Management Brazil Expo에서 열린 강연에서『성공하는 기업들의 8가지 습관(Built to Last)』의 저자이자 경영 분야에서 가장 존경받는 세계적인 사상가 중 한 명인 짐 콜린스(Jim Collins)는 올바른 사람이 올바른 위치에 있는 팀을 만든다고 주장했습니다. 그런 팀을 만들기 위해 그는 다음과 같은 유용한 조언들을 해줍니다.

올바른 사람들은 다음과 같습니다.

① 회사의 핵심 가치가 무엇인지 알고 있습니다.

② 근접 감독과 세밀한 관리가 필요 없습니다(자기 동기부여가 되어 있고 책임감이 있습니다).

③ 단순히 일자리의 개념을 넘어서 자신이 그 일에 대한 책임을 갖고 있다는 것을 알고 있습니다.

④ 합의한 일을 수행합니다. 약속을 지킵니다.

⑤ 거울과 창문 앞에서 자신을 되돌아보며 성숙해집니다.

⑥ 자신의 직책, 책임과 함께 성장할 수 있습니다.

⑦ 회사와 자기 일에 대한 열정이 넘칩니다.

⑤번 항목의 거울과 창문에 관한 것은 설명할 만한 가치가 있습니다. 역량이 부족한 전문가는 모든 것이 잘 돌아가면 거울 앞에서 성공을 자신에게 돌리려고 합니다. 반대로 모든 것이 잘못되면 그는 창문 밖을 보며 다른 사람들에게 책임을 돌리려고 합니다. 훌륭한 전문가와 팀원은 그 반대로 합니다. 모든 것이 잘 돌아갈 때 그는 성공의 공을 팀에게 돌리고(창문으로 가기) 모든 것이 잘못되면 그 문제를 피하기 위해 자신이 무엇을 할 수 있었는지 물어봅니다(거울 보기).

당신은 주변 사람을 걷어차면서 오랫동안 성공할 수는 없을 겁니다. (리 아이아코카)

이 명언은 유용성의 원칙을 잘 요약해 줍니다. 진정한 성공은 다른 사람들과 함께, 그리고 다른 사람들을 통해 이루어집니다.

유용성의 원칙을 실천하기 위해 우리는 다음과 같은 점들을 기억해야 합니다.

① **항상 가치를 더하세요**: 어떤 상황에서든 당신이 어떻게 도움이 될 수 있는지 생각하세요.

② **다른 사람의 필요를 인식하세요**: 주변 사람들의 필요를 이해하고 그것을 충족시키는 데 도움을 주세요.

③ **지속적으로 학습하세요**: 새로운 기술을 배우고 지식을 넓혀 더 유용한 사람이 되세요.

④ **팀워크를 중요시하세요**: 혼자서는 할 수 없는 일도 팀과 함께라면 가능합니다.

⑤ **긍정적인 태도를 유지하세요**: 긍정적인 태도는 주변 사람들에게 영감을 줍니다.

⑥ **신뢰성을 구축하세요**: 약속을 지키고 일관된 행동을 보여주세요.

⑦ **창의적으로 문제를 해결하세요**: 새로운 방식으로 문제에 접근하여 해결책을 찾으세요.

⑧ **다른 사람의 성공을 축하하세요**: 다른 사람의 성공이 곧 팀의 성공입니다.

⑨ **피드백을 주고받으세요**: 건설적인 피드백은 개인과 팀의 성장에 필수적입니다.

⑩ **장기적인 관점을 가지세요**: 단기적인 이익보다는 장기적인 관계와 성공에 초점을 맞추세요.

유용성의 원칙은 단순히 다른 사람을 돕는 것을 넘어서는 개념입니다. 이는 우리가 속한 조직과 사회에 적극적으로 기여하고, 그 과정에서 자신의 가치를 높이는 것을 의미합니다. 이 원칙을 실천함으로써 우리는 더 나은 전문가가 되고, 더 강한 팀을 만들며, 궁극적으로 더 큰 성공을 이룰 수 있습니다.

결론적으로 유용성의 원칙은 우리의 직업적 성공뿐만 아니라 개인적 성장과 만족에도 중요한 역할을 합니다. 우리가 다른 사람들과 우리가 속한 조직에 가치를 더할 때 우리는 더 큰 목적을 위해 살아가게 되며, 이는 우리의 삶에 더 깊은 의미를 부여합니다. 이 원칙을 일상생활에 적용함으로써 우리는 더 풍요롭고 보람 있는 직업 생활을 영위할 수 있을 것입니다.

조언의 원칙

의논 없이 세워진 계획은 실패하지만, 조언자들이 많으면 그 계획
이 이루어진다. (잠언 15:22)

조언의 원칙은 중요한 결정을 내리기 전 성장 배경과 세계관이
다른 다양한 카운슬러들로부터 조언을 구하라는 것입니다. 두 번
의견을 듣고 가능하면 세 번까지도 들을 것을 권합니다. 최종 결
정은 현명한 여러 사람의 의견을 듣거나 관련 문제에 대한 여러
권의 책을 읽고 나서 내릴 것입니다.

어떤 사람은 단 한 명으로부터만 조언을 구하거나 책을 한 권
만 읽어 세상을 바라보는 시각이 일차원적입니다. 이것은 결정을
내리는 가장 효과적인 방법이 아닙니다. "돌이 얼마나 작든 한 번
에 그 모든 면을 볼 수 있는 사람은 없다"라는 일본 속담이 있습니

다. 간디는 모든 진리에는 일곱 가지 관점이 있는데, 모든 관점들은 각자로는 옳지만 같은 상황에서 동시에 옳지는 않다고 말했습니다.

당신에게 자문해주는 사람이 단 한 명뿐이라면 위험합니다. 그 자문가가 당신의 구루, 보스, 상급자, 멘토, 코치, 목사, 신부, 부모 누구든 단 한 명뿐이라면 위험합니다. 인간이라면 실수는 누구나 저지르므로 비록 다른 사람들보다 더 비중을 두는 사람이 있더라도 한 명 이상의 자문가가 있는 것이 바람직합니다. 당신 인생의 모든 고민과 해결방안의 조언을 단 한 명에게만 맡기는 것은 그를 신의 위치로 높이는 것입니다. 10계명에서는 그런 지위를 다른 사람에게 부여하는 것의 위험성을 경고합니다(출애굽기 20:3). 그리고 당신이 신을 믿지 않는다면 이것은 단지 인간인 다른 사람에게 이 부담을 전가하면 안 되는 또 하나의 이유가 됩니다.

잠언서에서도 여러 자문가를 둘 것을 권하고 있습니다.

지혜가 있는 사람은 힘이 센 사람보다 더 강하고, 지식이 있는 사람은 기운이 센 사람보다 더 강하다. 전략을 세운 다음에야 전쟁을 할 수 있고, 참모가 많아야 승리할 수 있다. (잠언 24:5-6)

당신보다 더 잘 아는 주변 사람들에게 반드시 물어보고 배우기 바랍니다.

누군가의 말을 들을 때는 그의 과거 경험을 분석해보고 그가 선한 믿음 안에서 행하는지 아니면 순전히 자신의 이익만 위해 행동하는지 주의 깊게 살펴보고 판단하여 이해충돌이 일어나는 일을 방지하세요. 당신이 가장 좋아하는 자문가가 가장 적절한 조언을 갖고 있지 않을 수 있습니다. 변증법은 항상 건강하고 잘 다듬어진 의견을 만드는 데 중요합니다. 그러니 가능한 한 다른 의견과 다양한 이야기를 들으세요.

♦ 피드백 ♦

쇠붙이는 쇠붙이로 쳐야 날이 날카롭게 서듯이, 사람도 친구와 부대껴야 지혜가 예리해진다. (잠언 27:17)

잠언 27:17에서 솔로몬 왕이 두 가지의 날카롭게 가는 것에 대해 이야기할 때 그는 조언과 유사한 가르침과 피드백(반응)을 주목하고 있는 것입니다. 상대방에게 피드백을 요청하고 그 피드백을 중시하는 것은 당신이 탁월해지는 첫걸음이자 당신의 능력을 향상시키는 방법입니다. 소통에 있어서 피드백은 그의 메시지에 대해 수신자의 반응으로부터 얻은 정보로서 발신자의 송신이 성공인지 실패인지 평가하는 데 사용하는 것입니다.

전기공학과 전자공학에서 피드백이란 주파수 반환을 말합니다. 우리 일상에서 피드백은 무엇을 할 것인지에 대한 의견, 비평,

제안을 서로 주고받는 능력입니다.

우리가 올바른 방향으로 가고 있는지 알아보려면 다른 사람들의 피드백을 받아야 합니다. 기업은 소비자의 피드백에 기반해 신제품과 새로운 서비스를 출시합니다. 고객 서비스는 기업이 잘하고 있는지 확인하기 위해 피드백을 수집하고 기업은 관리자와 직원의 성과 향상을 위해 피드백을 활용합니다.

라울 칸델로로(Raul Candeloro)는 이렇게 주장합니다.

학교에서는 우리에게 피드백을 주고받는 방법을 가르쳐주지 않습니다. 우리는 피드백하는 방법을 배우는 계획도 세우지 못한 채 살아가면서 예상치 못한 상대방의 피드백에 상처를 받아가며 피드백하는 방법(요령)을 어렵게 배우게 됩니다. 여기서 재미있는 점은 우리가 상대방을 비판하는 방법을 알고 있다는 것입니다. 하지만 피드백을 준다는 것은 비판하는 것 그 이상입니다. 당신이 뭔가를 건설적으로 바꾸려면 피드백을 제대로 해야 합니다.

어느 리더나 기업가도 피드백을 주고받는 능력을 집중적으로 향상하지 않으면서 멀리 갈 수 없을 겁니다. **"모든 사람의 입을 막는 기업은 단기적인 수익은 올릴 수 있지만 장기적으로는 일하는 데 해로운 환경이 될 것입니다"**라고 그는 덧붙였습니다.

에벤에젤 비텐코트(Ebenézer Bittencourt)의 저서 『당신의 꿈은 얼마나 큰가요?(Qual é o Tamanho dos Seus Sonhos)』에서 피드백의 장점과 피

드백 기술에 대한 여러 중요한 조언을 해주고 있습니다.

피드백 수렴의 장점은 다음과 같습니다.

① 부하 직원의 헌신을 촉진합니다.

② 상대방이 내 메시지를 듣고 이해하고 받아들였는지 여부를 알
수 있습니다.

③ 사람들로 하여금 인정받고 있고 감사를 받고 있다고 느끼게 하
여 리더를 따르겠다는 의지가 생기도록 만듭니다.

피드백을 주고받는 데 필요한 몇 가지 핵심기술이 있습니다. 다
음은 염두에 두어야 할 원칙들입니다.

① 사람을 평가하는 대신 상대방의 행동을 묘사합니다.

② 일반적이지 않은 구체적인 피드백을 줍니다.

③ 바꿀 수 있는 행동에 중점을 둡니다.

④ '단체 대표'로서가 아닌 자기 입장에서 말합니다.

⑤ 자신의 행동, 인식, 감정에 대해 책임을 받아들입니다.

⑥ 제공하는 피드백이 수신자에게 비난이 되기보다 도움이 되게 합
니다.

⑦ 부정적인 피드백보다 긍정적인 피드백을 더 많이 제공합니다.

⑧ 자신이 이해한 것들의 정확성과 선명성을 확인합니다.

켄 블랜차드(Ken Blanchard)는 저서 『리더십의 원칙(Principles of Leadership)』에서 이렇게 말합니다.

나는 피드백이 업무 성과와 만족도를 올리는 가장 효과적인 전략 중 하나라고 주장합니다. 피드백은 오래 걸리지도 않고 돈도 안 들고 직원들을 신속히 변화시키는 가장 효과적인 방법이라고 생각합니다.

당신이 했던 작업, 성과, 판매하는 제품이나 서비스에 대한 피드백을 마지막으로 받았거나 요청했던 때가 언제입니까? 부모, 배우자, 자녀, 친구의 역할에 대한 피드백을 받았거나 물어본 적이 있나요? 이 질문에 대한 응답을 이용해 당신의 업무 성과와 인간관계를 평가하고 그것을 향상시킬 수 있습니다.

상대방으로부터 긍정적인 피드백을 받으면 감사의 마음을 표현하되 칭찬에 너무 몰입되지 않도록 주의하세요. 당신이 더 좋은 피드백을 받았다면 당신은 잘못을 저지를 수 없는 훌륭한 사람이라는 착각에 빠짐으로써 그 성공의 피해자가 되지 않도록 더 조심해야 합니다. 상대방으로부터 부정적인 피드백을 받았을 때도 감사를 표현하고 상대방의 비판이 얼마나 타당한지 확인하세요. 피드백을 당신의 문제를 분석하고 상황이 악화되기 전 해결해줄 도구와 수단을 제공하는 전문가 보고서로 여기세요. 피드백은 당신을 성장하게 해주는 기구이자 도구이자 통로입니다. 당신에게 피드백해줄 원천으로는 친구, 동료, 직장 사장, 적대자, 경쟁자 등이 있습니다.

첫 번째이자 가장 좋은 것은 우리가 친구들로부터 받는 피드백입니다. 진솔한 친구들은 우리가 더 나아지도록 도와줍니다. 그중 몇 명은 아첨꾼에 불과해 아무도 행동을 고치거나 비판하지 않으며 누구와도 갈등을 겪지 않습니다. 그들의 의견은 들을 가치가 없습니다. 좋은 친구는 당신의 의견을 받아들이고 당신을 사랑하지만 당신이 어느 부분에서 더 나아질 수 있는지도 가르쳐줄 수 있는 사람입니다. 솔로몬 왕은 이렇게 말합니다.

친구의 책망은 아파도 진심에서 나오지만, 원수의 입맞춤은 거짓에서 나온다. (잠언 27:6)

두 번째 피드백 유형은 친구가 아니더라도 의견을 줄 수 있는 예인 직장 동료들입니다. 이 피드백은 특히 작업 환경개선이나 최상의 실행 방법을 찾아낼 수 있으므로 귀 기울일 만한 가치가 있습니다.

세 번째 피드백은 취업 시장에서 얻는 것입니다. 이 피드백은 통계 연구나 독서나 설문조사를 분석해 얻을 수 있습니다.

피드백의 또 다른 출처는 당신의 적이나 경쟁자들입니다. 그들의 말을 행동지침으로 사용하면 안 되지만 그들의 비난과 코멘트는 그것이 얼마나 악의적이든 들을 만한 가치가 있는 정보의 원천이 될 수도 있습니다. 당신의 친구와 고객은 당신의 결점을 덮어 줄 생각을 하므로 당신을 비판하지 않을 것입니다. 하지만 당신의 적은 당신의 약점을 주저 없이 지적할 것입니다. 대부분 적은 당신 등 뒤에서 비판하겠지만 그들의 비판이 귀에 들어오면 그들의 통찰력이 가치가 있는지 확인해보고 만약 가치가 있다면 당신의 행동을 바꾸는 기회로 최대한 활용하세요.

상대방의 의견을 듣고 자유롭게 비판을 받으려면 용기와 규율 이 필요합니다. 누군가가 당신에게 반박할 때 상처받지 않으려면 겸손과 성숙함이 필요합니다. 그리고 변화가 필요할 때 당신 안의 저항을 이겨내는 결단과 힘이 필요합니다.

누군가에게 피드백이나 조언을 해줄 때는 주의하세요. 당신의 제안과 조언과 비평은 조심스럽고 간결해야 합니다. 자신이 전혀 모르는 것은 조언하면 안 됩니다. 조언이 꼭 필요하거나 누군가가 당신에게 요청하면 그때 조언해주세요. 어떤 사람들은 조언을 구 하지만 마음속으로는 진실을 듣고 싶어 하지 않을 수도 있습니다.

현명한 자에게 조언해준다면 그는 당신에게 감사하겠지만 무 지한 자는 당신에게 짜증을 낼 겁니다. 솔로몬 왕은 이렇게 충고 합니다.

거만한 사람을 책망하지 말아라. 그가 너를 미워할까 두렵다. 지 혜로운 사람은 꾸짖어라. 그가 너를 사랑할 것이다. (잠언 9:8)

피드백은 성공한 자들의 아침식사입니다. (릭 테이트)

이 명언은 조언의 원칙을 잘 요약해줍니다. 성공한 사람들은 지속적으로 피드백을 구하고, 그것을 통해 자신을 개선합니다.

조언의 원칙을 실천하기 위해 우리는 다음과 같은 점들을 기억해야 합니다.

① **다양한 의견을 구하세요:** 한 사람의 의견에만 의존하지 말고, 여러 사람의 조언을 들으세요.

② **열린 마음을 가지세요:** 당신의 생각과 다른 의견도 귀 기울여 들으세요.

③ **비판을 두려워하지 마세요:** 건설적인 비판은 성장의 기회입니다.

④ **피드백을 정기적으로 요청하세요:** 주기적으로 당신의 성과와 행동에 대한 피드백을 구하세요.

⑤ **피드백에 감사하세요:** 누군가가 당신에게 피드백을 줄 때, 그것이 긍정적이든 부정적이든 감사를 표현하세요.

⑥ **피드백을 행동으로 옮기세요:** 받은 피드백을 바탕으로 실제로 변화하고 개선하세요.

⑦ **조언을 줄 때는 신중하세요:** 다른 사람에게 조언을 줄 때는 상대방의 감정과 상황을 고려하세요.

⑧ **전문가의 조언을 구하세요:** 특정 분야에 대해서는 그 분야의 전문가로부터 조언을 구하세요.

⑨ **조언과 피드백을 기록하세요:** 받은 조언과 피드백을 기록하고 주기적으로 검토하세요.

⑩ **자기 성찰을 하세요:** 다른 사람의 조언을 듣는 것만큼 자기 자신을 돌아보는 것도 중요합니다.

조언의 원칙은 단순히 다른 사람들의 의견을 듣는 것을 넘어서는 개념입니다. 이는 지속적인 학습과 성장, 그리고 자기 개선의 과정입니다. 이 원칙을 실천함으로써 우리는 더 나은 결정을 내리고, 더 효과적으로 문제를 해결하며, 궁극적으로는 더 큰 성공을 이룰 수 있습니다.

결론적으로 조언의 원칙은 우리의 개인적·직업적 성장에 핵심적인 역할을 합니다. 다양한 의견을 듣고, 건설적인 피드백을 받아들이며, 그것을 바탕으로 자신을 개선해 나가는 과정은 지속적인 성공의 기반이 됩니다. 이 원칙을 일상생활에 적용함으로써 우리는 더 현명한 결정을 내리고, 더 효과적으로 문제를 해결하며, 궁극적으로 더 풍요롭고 성공적인 삶을 살 수 있을 것입니다.

리더십의 원칙

잘 다스리는 장로들은 두 배로 존경을 받아야 합니다. 특히 말씀을 전파하는 일과 가르치는 일에 수고하는 장로들은 더욱 그러하여야 합니다. (디모데전서 5:17)

어느 정도 리더십이 없으면 인생에서 앞으로 나아갈 수 없습니다. 당신이 다른 사람들을 이끌고 싶지 않더라도 적어도 당신 자신의 리더가 되지 않는다면 당신은 성공할 수 없을 겁니다. 당신 자신이 리더가 되는 방법을 배운다면 다른 사람들을 자연스럽게 이끌게 될 것입니다. 리더십의 원칙을 당신의 인생에서 실천하겠다고 다짐하세요. 자신의 행동의 지배자가 되고 성공의 길로 당신을 이끌어나가세요. 그러면 다른 사람들이 당신으로부터 소중한 영감을 받고 결국 당신을 따르게 될 것입니다.

카를로스 위자드 마틴스(Carlos Wizard Martins)는 위자드 언어교육법을 창시한 인물로 그는 이 분야의 세계 3대 기업 중 한 곳의 소유주입니다. 그의 저서 『당신 안에 잠재된 백만장자를 깨우라 (Desperte o Milionário Que Há Em Você)』에서 리더십 관련 몇 가지 조언을 해주는데, 그중 세 가지를 소개합니다.

① 해결책을 찾으세요. 문제를 만들지 마세요.
② 구조가 아닌 사람에 중점을 두세요.
③ 당신이 하는 일을 사랑하세요.

또한 위자드는 상대방을 바꾸려고 시도하지 말라고 조언합니다. 그 대신 자신을 변화시키세요. 이것은 성공뿐만 아니라 리더가 되는 지름길입니다. 간디가 가르쳐주었듯이 자신을 다스릴 수 없는 사람은 다른 사람도 다스릴 수 없을 것입니다.

리더십은 당신이 만든 신뢰에 기반하고 신뢰는 세 가지 기둥인 성품, 능력, 의사소통에 기반합니다. 이 기둥들은 훌륭한 리더가 되는 데 필수적입니다. 그리고 황금률을 따르는 것이 당신을 자연스럽게 리더로 만들어줄 것입니다. 사람들은 자신을 배려해주고 존중해주는 사람을 따릅니다.

역사상 가장 위대한 전략가 중 한 명인 손자는 이렇게 가르쳤습니다. "어린 아기를 보호하듯이 당신이 부하 병사들을 보호한다면 그들은 가장 깊은 계곡이라도 당신을 따라갈 것이다. 당신의 가장 소중한 자녀를 돌보듯이 당신의 부하 병사들을 돌본다면 그들은 당신의 명령에 복종하고 기꺼이 자신의 목숨을 바칠 것이다."

평소 당신이 다른 사람들을 어떻게 대하느냐에 따라 당신의 팀과 고객에게 영감을 줄 것입니다. 다양한 태도가 당신의 전문가적인 리더십 기술 향상에 도움이 될 수 있습니다. 우리는 로마에 보낸 바울의 편지에서 읽은 진리들을 실생활에서 적용해 많은 것을 배울 수 있습니다.

다른 사람을 대하는 방식은 팀과 고객에게 영감을 불어넣을 것입니다. 몇 가지 태도는 교수 능력과 리더십의 질을 향상하는 데 도움이 될 수 있습니다. 바울이 로마인들에게 보낸 편지에서 읽은 진리를 적용하면 많은 것을 배울 수 있습니다.

여러분의 은사가 섬기는 것이라면 섬기고, 가르치는 것이라면 가르치고, 격려하는 것이라면 격려하고, 베푸는 것이라면 아낌없이 주고, 인도하는 것이라면 부지런히 하고, 자비를 베푸는 것이라면 즐겁게 하십시오. 사랑은 진실해야 합니다. 악한 것은 미워하고 선한 것에 집착하세요. 사랑으로 서로에게 헌신하십시오. 여러분 자신보다 서로를 존중하십시오. 열심이 부족하지 말고 주님을 섬기며 영적인 열정을 유지하십시오. 소망 안에서 기뻐하고, 고난 중에 인내하며, 기도에 충실하십시오. 어려움에 처한 주님의 백성과 나누세요. 환대를 실천합니다. 너희를 핍박하는 자를 축복하고, 저주하지 말고 축복하라. 기뻐하는 자들과 함께 기뻐하고 슬퍼하는 자들과 함께 슬퍼하십시오. 서로 조화롭게 살아 가십시오. 교만하지 말고 낮은 지위에 있는 사람들과 기꺼이 어울리십시오. 자만하지 마십시오. 악한 사람에게 악을 악으로 갚지 마세요. 모든 사람의 눈에 옳은 일을 하도록 주의하세요. 가능하다면 모든 사람과 평화롭게 지내십시오. 사랑하는 친구 여러분, 복수를 하지 말고 하나님의 진노를 위한 여지를 남겨 두십시오. "복수하는 것은 나의 것이니 내가 갚으리라"고 주님은 말씀하셨습니다. 그 반대입니다. "적이 배고프면 먹여라. 목이 마르면 마실 것을 주세요. 이렇게 하면 그의 머리에 불타는 석탄을 쌓게 될 것입니다." 악에 굴복하지 말고 선으로 악을 이기십시오. (로마서 12:7-21)

♦ 권위 ♦

여러분과 함께 택하심을 받은 바빌론에 있는 자매 교회와 나의 아들 마가가 여러분에게 문안합니다. (베드로전서 5:13)

　전문가, 직원, 자영업자들은 성공 사다리 위로 올라가기 위해 권위를 다루는 방법을 알아야 합니다. 우리 주변을 살펴보면 위아래에 사람들이 항상 있을 것이고 이 두 가지 상황을 올바로 다루는 방법을 알아야 합니다.

당신의 상사와 감독들이 전문가처럼 행동하고 그들의 권위가 자연스럽고 당연시되도록 하는 것이 중요하다고 우리는 주장합니다. 그들의 부하 직원들이 기술적인 관점에서도 신뢰의 문제에 있어서도 그들의 명령에 순종하고 존경하는 것이 중요합니다.

생텍쥐페리(Saint Exupery)의 고전 『어린 왕자(Le Petit Prince)』에서 왕이 했던 대사가 떠오릅니다. "받아들여진 권위는 먼저 이성에 근거한다". 또는 존 오스왈드 샌더스(John Oswald Sanders)의 말처럼 "진정한 위대함과 리더십은 자신이 다른 사람들에게 봉사함으로써 얻는 것이고 자신을 섬기라고 다른 사람들에게 강요하거나 그것을 유도한다고 얻을 수 있는 것은 아니다".

직장인이나 서비스업 종사자들은 특별히 주의해야 할 점이 있습니다. 고객에게 아부하기보다는 진심 어린 마음으로 봉사하세요. 상황이 좋을 때는 유쾌하고 헌신적인 전문가가 되기 쉽습니다. 하지만 성경은 인간의 마음과 감정의 작용을 깊이 이해하고 있습니다. 그래서 어려운 상황에서도, 상대방이 옳든 그르든 관계없이 그들에 대한 충성과 존중을 보여줄 수 있어야 한다고 가르칩니다.

노예 여러분, 하나님을 경건하게 두려워하여 선하고 사려 깊은 사람뿐만 아니라 가혹한 사람에게도 자신을 주인에게 복종하십시오. (베드로전서 2:18)

노예들에게 모든 일에 주인에게 복종하고, 주인을 기쁘게 하려고
노력하고, 말대꾸하지 말고, 도둑질하지 말고, 완전히 신뢰할 수
있다는 것을 보여 주도록 가르치세요. (디도서 2:9-10)

회사에서 직급에 대한 존중은 직원들의 일반적인 의무 그 이상
입니다. 권위에 대한 존중은 우리가 살아가는 개인주의 시대와 상
대주의 시대에서는 흔치 않은 미덕입니다. 하지만 기독교인들에
게 권위에 대한 존중은 하나님과의 관계와 의존에 기반합니다.

본질적으로 직업적인 관계에서는 회사를 그만두고 어려운 상
황으로부터 떠나는 것이 허용됩니다. 이것이 바로 나쁜 상사가 훌
륭한 직원을 잃는 이유입니다. 자기 마음대로 할 수 있다고 생각
하는 거만한 상사보다 더 나쁜 것은 없습니다. 마찬가지로 상사에
게 무례한 직원은 시장에서 나쁜 대우를 받을 것입니다. 그래서
권위에 대한 존중을 말할 때 세 가지 기본적인 특성이나 개념이
보입니다.

① 원한다면 직장이나 회사를 그만두는 선택.
② 직원 쪽에서 권위를 존중해줄 책임.
③ 고용주와 관리자들이 자신들이 누리고 있는 권위를 적절히 사용
   할 책임.

결코 만족할 줄 모르면서 부하직원에게 무리한 요구를 하는 거

만한 상사가 종종 있습니다. 그리고 업무를 최소한만 하는 직원도 있습니다. 이런 직원은 상사의 압박이나 요구에 대처하지 못하며 자신이 이용당하고 있다고 자주 생각합니다. 이때가 바로 인내, 관대함, 회복력이 필요한 극단적인 경우입니다.

모든 것이 끝났을 때 특정인과 함께 일할 수 없다는 것을 깨달았다면 업무를 마치고 계약 의무를 이행한 후 미래에는 그와 일하지 마세요. 압박이나 불편이 도를 넘으면 코치, 멘토, 경험이 더 풍부한 친구를 찾아 상황을 설명해주고 적절히 대처하기 위해 도움을 받으세요. 필요하다면 법률을 활용하세요. 법은 모든 사람을 보호하기 위해 마련되었습니다. 당신도 보호받을 수 있습니다.

> 진정한 리더십은 수여되거나 지목되어지거나 임명되어질 수 없습니다. 리더십은 영향력으로부터만 나오며 명령이 될 수 없습니다. 리더십은 얻어져야 합니다. (존 맥스웰)

이 명언은 리더십의 원칙을 잘 요약해줍니다. 진정한 리더십은 지위나 직책에서 오는 것이 아니라 다른 사람들에게 미치는 긍정적인 영향력에서 온다는 것을 강조합니다.

리더십의 원칙을 실천하기 위해 우리는 다음과 같은 점들을 기억해야 합니다.

① 자기 관리를 먼저 하세요: 자신을 잘 이끌 수 있어야 다른 사람도

이끌 수 있습니다.

② **신뢰를 구축하세요**: 성품, 능력, 의사소통을 통해 신뢰를 쌓으세요.

③ **봉사하는 리더십을 실천하세요**: 다른 사람을 섬기는 자세로 리더십을 발휘하세요.

④ **솔선수범하세요**: 말이 아닌 행동으로 리더십을 보여주세요.

⑤ **지속적으로 학습하세요**: 리더십 기술을 계속해서 개발하고 향상시키세요.

⑥ **권위를 적절히 사용하세요**: 권력을 남용하지 말고, 책임감 있게 사용하세요.

⑦ **다양성을 존중하세요**: 팀원들의 다양한 의견과 관점을 수용하세요.

⑧ **비전을 공유하세요**: 팀원들과 명확한 목표와 비전을 공유하세요.

⑨ **긍정적인 환경을 조성하세요**: 팀원들이 성장하고 발전할 수 있는 환경을 만드세요.

⑩ **피드백을 주고받으세요**: 건설적인 피드백을 통해 지속적인 개선을 추구하세요.

리더십의 원칙은 단순히 다른 사람을 이끄는 것을 넘어서는 개념입니다. 이는 자기 자신과 다른 사람들의 잠재력을 최대한 끌어내고, 공동의 목표를 향해 함께 나아가는 과정입니다. 이 원칙을 실천함으로써 우리는 더 효과적인 리더가 되고, 더 나은 팀을 만들며, 궁극적으로 더 큰 성공을 이룰 수 있습니다.

결론적으로 리더십의 원칙은 우리의 개인적·직업적 성장에 핵심적인 역할을 합니다. 진정한 리더십은 지위나 권력에서 오는 것이 아니라 우리가 다른 사람들에게 미치는 긍정적인 영향력에서 온다는 것을 기억해야 합니다. 이 원칙을 일상생활에 적용함으로써 우리는 더 나은 리더가 되고, 더 강한 팀을 만들며, 궁극적으로 더 큰 성공과 만족을 얻을 수 있을 것입니다.

서정열 장군님과의
감동적인 이야기

Q. 안녕하세요, 서정열 장군님. 먼저 간단한 자기소개 부탁드립니다.

✝ 안녕하세요, 서정열입니다. 재단법인 주사랑공동체 이사이며, CTS인터내셔널 병영선교위원회 위원장으로 있습니다. 대한민국 육군에서 37년간 복무하며 오직 하나님의 은혜로 이 자리에 오게 되었습니다. 저는 군에서 '절대로 절대로 포기하지 않는다'라는 뜻인 '절절포 장군'으로 불렸습니다. 군생활을 하면서 하나님을 깊이 만나게 되었고, 그 만남이 저의 인생을 송두리째 바꿔놓았습니다. 하나님은 제가 기대하지 않았던 길을 열어주셨고, 그분의 인도하심에 순종하는 삶을 살도록 이끌어주셨습니다. 이제 저는 하나님께서 제게 주신 사명을 다하며, 그분의 뜻을 다음 세대에게 전하고자 노력하고 있습니다.

Q. 장군님께 성경이란 어떤 의미인가요?

✝ 성경은 제 인생의 가장 중요한 나침반입니다. 히브리서 4장 12절에 "하나님의 말씀은 살아 있고 힘이 있어서, 어떤 양날 칼보다도 더 날카롭습니다. 그래서, 사람 속을 꿰뚫어 혼과 영을 갈라내고, 관절과 골수를 갈라놓기까지 하며, 마음에 품은 생각과 의도를 밝혀냅니다"라는 말씀이 있습니다. 이 말씀처럼 성경은 제가 인생의 갈림길에 있을 때마다 정확한 방향을 제시해주었습니다. 군 생활에서도 성경은 제게 흔들리지 않는 기준이었고, 제가 누구인지, 무엇을 위해 살아가야 하는지를 깨닫게 해주었습니다. 성경은 단순한 종교적 지침서가 아니라 하나님께서 저와 여러분에게 보내신 사랑의 메시지입니다. 우리는 그 말씀을 통해 삶의 의미를 찾고, 하나님의 뜻을 깨달으며 앞으로 나아갈 수 있습니다.

Q. 가장 존경하는 성경 인물은 누구인가요?

✝ 저는 다윗을 가장 존경합니다. 다윗은 목자에서 왕에 이르기까지 많은 도전을 겪으며 살아갔습니다. 비록 그에게도 허물과 실수가 있었지만, 그는 언제나 하나님의 마음을 바라보며 살았고, '하나님 마음에 합한 사람'이라는 평가를 받았습니

다. 무엇보다 저는 다윗이 끝까지 하나님만을 의지하며 살았다는 점에서 큰 영감을 받습니다. 다윗은 결코 쉽게 포기하지 않았고, 어려운 순간에도 하나님의 영광을 위해 살아갔습니다. 저는 군대에서 37년을 복무하며 다윗처럼 끊임없이 하나님의 뜻을 구하고, 그분의 마음에 합당한 삶을 살기 위해 노력해왔습니다.

Q. 장군님의 인생과 다윗의 이야기가 연결되는 부분이 있나요?

† 다윗의 삶을 보면 그는 왕이 되고 싶어 한 것이 아니었습니다. 그가 골리앗과 싸운 것도, 왕이 된 것도 모두 하나님께서 그에게 주신 사명이었습니다. 저 역시 군인이 되고 싶어 한 것이 아니었습니다. 1983년, 저는 친구의 권유로 육군 3사관학교에 지원했고, 그 후 하나님께서 저를 군인의 길로 이끌어 주셨습니다. 마치 다윗이 하나님의 부르심에 따라 그의 길을 걸어간 것처럼 저도 하나님께서 이끄시는 대로 군인의 삶을 살게 되었습니다.

그 과정에서 저는 수많은 역경을 겪었지만, 그때마다 다윗이 골리앗을 이겼던 것처럼 하나님께서 저와 함께하신다는 확신을 가지고 버텼습니다. 다윗이 하나님의 선택을 받은 자로서 그의 삶을 살아냈듯이 저도 하나님께서 저를 통해 이루실 일을 기대하며 그분께 순종하고자 노력했습니다.

Q. 대표님의 인생에서 가장 큰 역경은 무엇이었나요?

† 제가 군인으로서, 그리고 그리스도인으로서 살아가는 과정은 결코 쉽지 않았습니다. 군대에서 그리스도인으로 살아간다는 것은 많은 도전과 시련을 의미했죠. 하지만 그 과정 속에서도 하나님은 항상 저와 함께하셨습니다. 저는 "죽어도 예배를, 굶어도 말씀을, 쓰러져도 새벽 기도를, 힘들어도 십일조를" 지키며 신앙의 중심을 붙잡고 있었습니다. 이러한 원칙들은 제가 군 생활을 하는 동안 신앙과 군인의 역할을 균형 있게 지킬 수 있게 해준 힘이었습니다.

특히, 대대장 시절, 하나님의 영광을 위해 군에서 받은 계급을 사용하겠다는 서원을 했습니다. 그 서원 덕분에 저는 군 내에서 24개의 교회를 건축하는 데 쓰임 받았고, 하나님께서 주신 사명에 순종하며 살 수 있었습니다. 역경 속에서 저는 하나님께서 항상 함께하시며, 그분의 뜻을 이루기 위해 저를 사용하신다는 확신을 갖게 되었습니다.

Q. 장군님께 성공이란 무엇인가요?

† 저는 성공을 세속적인 기준으로 정의하지 않습니다. 성공이란 어떤 역경 속에서도 신앙을 지키며 살아가는 것입니다. 그리고 하나님께서 나를 부르셨을 때 그분께 "수고했다"라는 말을 듣는 것이야말로 진정한 성공이라 믿습니다. 또한 내가 받은 믿음을 다음 세대에게 전하고, 그들이 신앙의 유산을 이어받아 하나님의 나라를 확장하는 것이 제가 꿈꾸는 성공입니다. 돈이나 명예, 세상의 평가가 아닌 하나님께서 주신 사명을 끝까지 충실히 수행하는 것이야말로 저의 성공입니다.

PART 5

개인 성장에
관한 원칙

CHAPTER
21

감사의 원칙

악으로 선을 갚으면, 그의 집에서 재앙이 떠나지 않는다. (잠언 17:13)

인간과 개의 차이를 아시나요? 거리에 버려진 아프고 배고픈 개를 발견해 음식, 구호품, 의약품, 사랑을 준다면 그 개는 당신을 물지 않을 것입니다. 하지만 인간은 그렇지 않을 수도 있습니다.

이 말은 인간의 행동을 제대로 설명한 사례입니다. 이제 감사라는 미덕은 찾아보기 힘들게 되었습니다. 감사는 처음부터 존재하지 않거나 있더라도 쉽게 사라지는 것이 현실입니다. 도움을 준 사람에게 감사하면서 의리 있게 남는 사람들은 매우 드뭅니다. 예수님이 열 명의 한센병을 고쳐주자 그중 한 명만 돌아와 감사를 표현했습니다(누가복음 17:11-19).

여기 두 가지 교훈이 있습니다. 첫째, 사람들이 감사해 하지 않더라도 너무 연연하지 마세요. 누구나 그럴 수 있기 때문입니다. 둘째, 모두가 그렇다고 당신이 이 지구에서 감사하지 않는 또 다른 한 사람이 되지는 마세요. 이것이 감사의 원칙입니다. 즉, 당신에게 먹여주는 손을 물지 마세요. 약속을 지키세요. 그리고 더 이상 약속을 지키지 못하게 되었다면 언제든지 정직한 태도로 행동하고 불만을 가진 대상과 마주 앉아 가장 긍정적인 방법으로 문제를 해결하세요.

남들을 헐뜯거나 불법적인 행동에 가담하거나 기업을 상대로 간첩 행위를 하거나 동료와 상사들을 고의적으로 위협하는 것은 부적절한 태도와 행동입니다. 이런 행동을 하면 도덕적인 타격 외에도 당신의 평판과 이미지가 땅에 떨어질 수 있습니다.

면접을 진행할 때는 지원자에게 자유롭게 직장에서의 경험을 이야기하게 해주는 것이 좋습니다. 이전 직장의 보스를 비난하는 지원자는 곧바로 불합격 처리될 수 있습니다. 지원자가 이전 회사의 경영주를 면접 초반부터 비난한다면 그가 새로운 직장에서 이전과 다르게 행동할 거라 기대할 이유가 전혀 없기 때문입니다. 과거에 도움의 손길을 준 사람들을 잊지 마세요. 많은 사람이 그렇게 하지만 다르게 행동하기 위해 노력하고 평균 이상의 전문가가 되세요. 감사를 실천할 때 감사는 받을 자격이 있는 사람들에게 감사함으로 시작됩니다. 한걸음 더 나아가면 우리는 또 다른 원칙으로 이끌립니다. 그것은 관대함의 원칙입니다.

건너가야 할 다리를 불태우지 않도록 주의하라. (윈스턴 처칠)

가장 높은 감사의 표현은 결코 말로 하는 것이 아니라 그 말과 함께 살아가는 것임을 잊으면 안 됩니다. (존 F. 케네디)

이 두 명언은 감사의 원칙을 잘 요약해줍니다. 우리는 과거의 관계와 경험을 소중히 여기고, 감사를 단순한 말이 아닌 행동으로 표현해야 합니다.

감사의 원칙을 실천하기 위해 우리는 다음과 같은 점들을 기억해야 합니다.

① **일상에서 감사할 것을 찾으세요**: 작은 것에도 감사하는 습관을 기르세요.

② **도움을 준 사람들을 기억하세요**: 과거에 당신을 도와준 사람들을 잊지 마세요.

③ **감사를 표현하세요**: 말과 행동으로 감사를 표현하세요.

④ **비난을 삼가세요**: 특히 과거의 고용주나 동료를 비난하지 마세요.

⑤ **약속을 지키세요**: 신뢰를 쌓는 가장 좋은 방법은 약속을 지키는 것입니다.

⑥ **긍정적인 태도를 유지하세요**: 어려운 상황에서도 긍정적인 면을 찾으려 노력하세요.

⑦ **다른 사람의 기여를 인정하세요**: 팀의 성공에 기여한 모든 사람

을 인정하세요.

⑧ **감사 일기를 써보세요:** 매일 감사한 일들을 기록하는 습관을 들이세요.

⑨ **봉사활동에 참여하세요:** 다른 사람을 돕는 것은 감사의 마음을 키우는 좋은 방법입니다.

⑩ **용서를 실천하세요:** 과거의 잘못을 용서하고 앞으로 나아가세요.

감사의 원칙은 단순히 예의바른 행동을 넘어서는 개념입니다. 이는 우리의 삶과 관계를 풍요롭게 만들고, 개인적·직업적 성공을 이루는 데 중요한 역할을 합니다. 감사하는 마음을 가진 사람은 더 긍정적이고, 더 좋은 관계를 맺으며, 더 많은 기회를 얻게 됩니다.

결론적으로 감사의 원칙은 우리의 삶을 변화시키는 강력한 도구입니다. 이를 실천함으로써 우리는 더 행복하고 성공적인 삶을 살 수 있으며, 주변 사람들에게도 긍정적인 영향을 미칠 수 있습니다. 감사는 단순한 미덕이 아니라 성공과 행복을 위한 필수적인 요소임을 기억해야 합니다.

CHAPTER
22

관대함의 원칙

남에게 베풀기를 좋아하는 사람이 부유해지고, 남에게 마실 물을
주면, 자신도 갈증을 면한다. (잠언 11:25)

성경은 기쁜 마음으로 이타적인 태도로 다른 사람을 관대하게
대하라고 권합니다. 관대함의 원칙은 이런 태도를 두 가지 방식으
로 이야기합니다. 첫째, 당신이 가진 것에 묶여 있지 마십시오. 둘
째, 다른 사람들이 가진 것에 신경 쓰면 안 됩니다. 관대한 사람은
다른 사람이 뭔가 필요로 할 때 자기 것을 아끼지 않고 나눠줄 준
비가 되어 있습니다.

20세기 '철강왕'이자 당대 최고 거부였던 앤드류 카네기(Andrew
Carnegie)는 부자들은 재산을 가난한 자들에게 나눠줄 도덕적 의무
가 있다고 최초로 주장한 사업가였습니다. 그는 2,800개의 학교,

도서관, 박물관, 기타 교육기관 건립에 도움을 주었습니다. 1901년 그는 자신의 회사를 4억 8,000만 달러 이상의 가격에 매각했고 1919년 사망할 때까지 3억 5,000만 달러 이상을 기부했습니다. "부자로 죽는 것은 부끄럽게 죽는 것이다"라는 그의 명언이 전해지고 있습니다.

스티브 잡스(Steve Jobs)는 "공동묘지에서 가장 부유한 사람으로 남는 것이 삶의 목적이 될 수 없다"라고 말했습니다. 버핏과 빌 게이츠(Bill Gates)는 자선단체 '기부 약속(Giving Pledge)'을 공동 설립했습니다. 이것은 억만장자들이 재산의 절반을 자선단체에 기부하겠다는 약속입니다. 현재까지 100명 이상의 억만장자가 이 약속을 지켰는데 오라클의 창업자 래리 엘리슨(Larry Ellison), 영화감독 조지 루카스(George Lucas), 페이스북 설립자 마크 저커버그(Mark Zuckerberg)와 프리실라 챈(Priscilla Chan)이 그들입니다. 관대한 마음으로 기부하고 싶다면 억만장자가 될 때까지 기다리지 마십시오.

어떤 사람들은 자신이 이용당할까봐 두려워 다른 사람에게 기부하지 않습니다. 또 다른 사람들은 기부를 받는 사람들이 게으르던지 무가치하던지 어떤 식으로든 자신의 관대함을 악용한다고 생각해 기부하지 않습니다. 나아가 돈에 대한 이기심이나 과도한 애착 때문에 기부하지 않습니다. 어떤 사람들은 관대함이 아닌 사회적으로 존경받는 것에 대한 허영심으로 또는 스스로 만족하기 위하여 기부하기도 합니다.

예수님은 다른 사람들을 돕는 것을 정치적 전략으로 말씀하신적이 있습니다.

예수님은 타인을 돕는 행위를 정치적 전략으로 설명하셨습니다. 한 부자가 자신의 관리인이 재산을 낭비하고 있다는 소식을 듣게 됩니다(누가복음 16장 참조). 그는 관리인에게 물었습니다. "내가 들은 것이 무엇이냐? 네가 더 이상 관리인이 될 수 없으니, 경영 내역을 제출하라"(2절). 직장을 잃을까 두려웠던 관리인은 자신을 대신해 일해줄 사람들의 고마움을 얻어야겠다고 생각했습니다. 그래서 그는 주인의 채무자들에게 전화를 걸었습니다. "우리 주인에게 얼마를 빚졌습니까?" 첫 번째 사람에게 물었고, 그가 "올리브유 900갤런입니다"라고 대답하자, 관리인은 "네 계산서를 가져와서 450으로 고쳐라"(5-6절)라고 말했습니다. 그는 모든 채무자들에게 같은 방식으로 행동했습니다.

관리인의 부적절한 태도에도 불구하고, 주인은 그의 영리한 행동을 알아차리고 그를 칭찬했습니다. "주인이 그 부정직한 관리인을 칭찬한 것은 그가 슬기롭게 행동했기 때문입니다"(8절). 해고될 위기에 처한 관리인은 주인의 관대함을 자신의 명성을 쌓기 위한 전략으로 활용한 것입니다.

누군가를 도울 때는 순수한 의도만을 담아 손을 내밀고 어떠한 대가도 바라지 마십시오. 관용은 생산적인 행동이며 당신의 선한 행동은 당신의 도움을 받은 사람들의 심장과 마음속에 남을 것이라는 것을 기억하세요.

관대함의 원칙은 여러 번 효과가 있었고 이는 다음 이야기에서 확인할 수 있습니다.

부동산을 사고 싶었지만 소유주에게 연락했더니 다른 구매자와 거래를 성사시키려고 한다고 하더군요. 하지만 며칠 후 그는 전화를 걸어 제가 여전히 원한다면 그 부동산은 제 것이라고 말했습니다. 계약서에 서명할 때 그는 저에게 우선권을 주기 위해 다른 잠재적 구매자와의 거래에서 손을 뗐다고 말했습니다. 그 이유가 무엇이었나요? 몇 년 전에 그의 아내는 저를 위해 준비 과정에서 일한 적이 있었습니다. 아내는 몸이 아파서 수업을 가르칠 수 없었지만 저는 계속해서 월급을 보냈습니다. 교사가 수업에 출석할 경우에만 급여를 지급하기로 계약했기 때문에 제 의무는 아니었습니다. 하지만 어쨌든 저는 돈을 지불했습니다. 그 돈은 생활비뿐만 아니라 그녀가 필요한 약을 사는 데도 유용하게 사용되었습니다. 그 후 많은 세월이 흘렀고 그의 아내는 세상을 떠났지만 제 관대함은 잊혀지지 않았습니다. 이러한 관대함이 제가 거래를 성사시킨 원동력이었습니다.

솔로몬 왕은 다음과 같이 말합니다. "돈이 있으면, 무역에 투자하여라. 여러 날 뒤에 너는 이윤을 남길 것이다"(전도서 11:1). 제가 가졌던 동기는 달랐습니다. 그는 자신이 옳다고 생각하는 일을 했습니다.

만약 자기가 같은 상황이었다면 자신에게 그런 일이 일어나길 바라는 대로 행동했습니다. 즉, 사랑의 원칙대로 행동했습니다. 그는 자신이 가진 식량을 바다로 보냈을 뿐인데 얼마 후 식량은 더 늘어나 그에게 돌아왔습니다.

당신이 베푸는 선행에 대한 보상을 어떻게 받을지는 예상할 수 없지만 분명한 것은 어떤 식으로든 보상받는다는 것입니다. 관대함의 원칙을 실천하려면 물건이나 돈에 너무 메이지 말고 당신이 인생에서 더 관대한 만큼 더 큰 보상이 있을 것이라고 믿어야 합니다. 누군가가 다른 사람을 도와주며 별 탈 없이 편하게 잘 지내다가 훗날 개인적인 위기에 닥치거나 시장이 위기 상황일 때 그 친절한 행동이 기억되어 은혜를 돌려받은 수많은 사례들을 저는 알고 있습니다.

♦ 사회적 마케팅 ♦

또한 여러분은 자기 일만 돌보지 말고, 서로 다른 사람들의 일도 돌보아 주십시오. (빌립보서 2:4)

성경에서는 이웃에 대한 당신의 연대감과 사회적 책임감을 사람들에게 보여주라고 권합니다. 많은 기업들이 관대하고 사회적 책임감이 있는 사람들을 고용하기 원합니다. 또한 가능하다면 관대하고 사회적 책임감이 있는 기업들과 협상하기를 원합니다. 관대함은 이타주의의 결과여야 하지만 사회에서 자신의 이미지를 더 낫게 보이려는 기업들은 '사회적 마케팅'을 이용하기도 합니다.

도움을 받는 사람은 도움을 주는 사람이나 기업의 내부 동기에는 관심이 없습니다. 도움을 받은 사람은 오직 자신의 배고픔과 추위가 줄어든다는 것만 알 뿐입니다. 인류애적인 더 높은 (필요에 따라 종교적이지 않을 수 있다) 차원에서 우리는 관대한 사람들이 단지 '보여주기' 식으로 구호활동이나 낡은 옷을 기부하는 정도를 넘어서서 더 많은 일들을 해주기를 바랍니다. 물론 이것들도 분명히 쓸모가 있지만 가장 좋은 방법은 물고기를 직접 주는 대신 물고기 잡는 법을 가르쳐주는 것입니다.

우리는 긴급한 어려움에 처한 사람들을 돕는 것뿐만이 아니라 결핍과 가난에 처한 사람들을 구하는 사회사업을 깊이 신뢰합니다. 사설 기관과 정부의 지원 프로그램은 그들에게 가난에서 탈출할 출구를 주어야 합니다. 교육과 직업훈련은 가난한 사람들이 자신의 존엄성을 되찾는 좋은 방법입니다.

♦ 사회적 책임 ♦

주님의 종을 돕겠다고 약속하여 주시고, 오만한 자들이 나를 억압하지 못하게 해주십시오. (시편 119:122)

관대함의 원칙을 말할 때 우리는 단지 가난한 사람이나 자신의 동료를 돕는 것을 말하는 것이 아닙니다. 사회적 책임에는 이윤 분배, 이익 사용법, 환경 책임, 지구적 가치에 대한 존중 등 다른 요소들이 포함됩니다.

브라질의 잡지 《이자미(Exame)》에 실린 한 기사는 인구와 기업계가 이윤을 어떻게 인식하는지에 대한 흥미로운 논의를 불러일으켰습니다. 다음은 발췌한 내용입니다. "일반적으로 브라질 국민은 이윤이 기업의 가장 중요한 목표가 되어야 한다는 데 동의하지 않습니다. 브라질의 여론 조사 기관인 복스 포퓰리(Instituto Vox Populi)의 조사에 따르면 브라질 국민들의 93%는 일자리 창출이 민간 기업의 잘못이라고 생각하고 있으며, 이는 이익을 최우선시하는 기업 CEO의 82% 의견과 상반되는 결과입니다." 그럼에도 불구하고 "사회를 위한 가치 창출"을 사명으로 하는 뷰티 기업 Natura의 경우처럼 이익을 만능으로 생각하지 않는 기업도 있습니다.

따라서 관대함의 원칙에 따르면 당신은 이런 개념과 전 지구적 가치에 관심을 가져야 합니다. 즉, 법을 지키고 사람들의 건강과 환경을 존중하고 서로 이익을 나누고 어떤 종류의 사회활동에 참여할 것인지 선택해야 합니다. 사회사업이 필요한 사람들에게 정부가 지원해주는 것은 물론이며 기업과 개인들도 사회적 사업에 참여해야 한다고 우리는 생각합니다. 선행은 베푸는 사람들에게 도 그 혜택이 돌아가기 때문입니다.

♦ 이윤 분배 ♦

악인은 온종일 탐하기만 하지만, 의인은 아끼지 않고 나누어 준 다. (잠언 21:26)

오늘날 기업들은 보상, 동기부여, 수당을 주는 다양한 시스템을 도입 중이며 이는 매우 긍정적인 일입니다. 이런 구상은 월별, 반 기별, 연말에 기업이 올린 수익 일부를 직원들에게 배분하는 것입 니다. 이것은 직원들에게 열심히 일할 동기를 부여할 뿐만 아니라 소득이 배분되어 사회 구성원들을 풍요롭게 만들어주고 경제를 촉진하는 방법입니다.

우리가 '유용성의 원칙' 장에서 논의한 것처럼 성경에서는 다음 과 같이 말합니다. "무화과나무를 가꾸는 사람이 그 열매를 먹듯이 윗 사람의 시중을 드는 사람이 그 영화를 얻는다"(잠언 27:18).

당신의 부하 직원이 '무화과나무'를 돌보고 회사가 잘되기 위해 일했다면 그가 그 열매의 일부를 보상받는 것이 정당한 것입니다. 그는 급여뿐만 아니라 이익 공유, 유급 교육, 휴가, 여행 등의 혜택 도 받아야 합니다.

진정한 관대함은 무조건적이고 순수한 사랑으로 주어지는 것입니다. 아무 조건도 없습니다. 대가도 바라지 않습니다. (수즈 오먼)

이 명언은 관대함의 원칙을 잘 요약해줍니다. 진정한 관대함은 어떠한 보상이나 인정을 바라지 않고 순수하게 베푸는 것임을 강조합니다.

관대함의 원칙을 실천하기 위해 우리는 다음과 같은 점들을 기억해야 합니다.

① **나눔의 습관을 기르세요**: 당신이 가진 것의 일부를 정기적으로 나누세요.

② **물질적인 것 외에도 나누세요**: 시간, 재능, 지식 등도 나눌 수 있습니다.

③ **무조건적으로 베푸세요**: 보상을 기대하지 말고 순수한 마음으로 나누세요.

④ **사회적 책임을 인식하세요**: 개인과 기업 모두 사회에 대한 책임이 있음을 기억하세요.

⑤ **환경을 고려하세요**: 관대함은 자연과 환경을 보호하는 것도 포함합니다.

⑥ **직원들과 이익을 공유하세요**: 기업의 성공을 직원들과 함께 나누는 것은 좋은 관대함의 실천입니다.

⑦ **교육과 기술 훈련을 지원하세요**: 단순히 물질적 도움을 넘어 자

립할 수 있는 능력을 키워주세요.

⑧ **지역 사회에 투자하세요:** 당신이 속한 지역 사회의 발전에 기여하세요.

⑨ **긍정적인 영향력을 행사하세요:** 당신의 관대함이 다른 사람들에게도 영감을 줄 수 있습니다.

⑩ **감사하는 마음을 가지세요:** 나눌 수 있는 능력 자체에 감사하는 마음을 가지세요.

관대함의 원칙은 단순히 물질적인 것을 나누는 것을 넘어서는 개념입니다. 이는 우리의 삶의 방식, 비즈니스 운영 방식, 그리고 사회와 상호작용하는 방식에 대한 전체적인 접근 방식입니다. 관대함을 실천함으로써 우리는 더 나은 세상을 만들어가는 데 기여할 뿐만 아니라 개인적으로도 더 큰 만족과 행복을 경험할 수 있습니다.

관대함의 원칙은 또한 우리의 비즈니스 관행과 직접적으로 연결됩니다. 기업이 단순히 이윤 추구를 넘어 사회적 책임을 다하고, 직원들과 이익을 공유하며, 환경을 보호하는 등의 활동을 할 때 그 기업은 장기적으로 더 큰 성공을 거둘 수 있습니다. 이는 고객의 충성도를 높이고, 직원들의 만족도와 생산성을 향상시키며, 기업의 평판을 개선하는 데 도움이 됩니다.

개인적인 차원에서 관대함의 원칙을 실천하는 것은 우리의 성격과 관계를 개선하는 데 도움이 됩니다. 나누는 습관은 우리를 더 공감적이고 이해심 있는 사람으로 만들어줍니다. 이는 우리의 개인적·직업적 관계를 강화하고, 네트워크를 확장하며, 새로운 기회를 창출하는 데 도움이 될 수 있습니다.

결론적으로 관대함의 원칙은 우리 삶의 모든 측면에 적용될 수 있는 강력한 도구입니다. 이는 개인의 성장, 비즈니스의 성공 그리고 사회의 발전을 위한 핵심 요소입니다. 관대함을 실천함으로써 우리는 더 풍요롭고, 의미 있으며, 만족스러운 삶을 살 수 있습니다. 또한 우리 주변의 세상을 조금씩 더 나은 곳으로 만들어갈 수 있습니다. 관대함은 단순한 미덕이 아니라 성공적이고 의미 있는 삶을 위한 필수적인 요소임을 기억해야 합니다.

CHAPTER
23

만족의 원칙

우리는 먹을 것과 입을 것이 있으면, 그것으로 만족해야 할 것입니다. (디모데전서 6:8)

만족의 원칙은 현재 상황에 대한 감사와 인내, 그리고 균형 잡힌 성장을 강조합니다. 이 원칙은 우리가 현재 위치에 만족하면서도 개인적 성장을 추구할 수 있도록 도와줍니다.

브라질의 경력개발 코치 막스 게링거(Max Gehringer)가 소개한 발데마르(Valdemar)의 이야기는 만족의 원칙을 잘 보여줍니다. 발데마르는 영업사원으로서의 자신의 역할에 전적으로 만족했고, 승진 제안을 거절했습니다. 이는 그가 자신의 현재 위치에서 최고가 되고자 하는 야망을 가지고 있었기 때문입니다.

성공의 정의는 개인마다 다를 수 있습니다. 사회적으로 정의된 성공(돈, 명성, 권력 등)과 개인적 성취감 사이에서 우리는 자신에게 진정으로 중요한 것이 무엇인지 고민해야 합니다. 진정한 성공은 외적인 성취뿐만 아니라 내적인 만족과 균형을 포함합니다.

로렌스 피터(Laurence Peter)의 말처럼 우리 사회에서는 계속된 승진만을 성공으로 보는 경향이 있습니다. 그러나 때로는 '멈춤'을 배우고 현재 상황에 만족하는 것이 더 중요할 수 있습니다. 무한 성장이 항상 최선의 선택은 아닙니다.

오토 캐닉(Otto M. E. Canic)과 나이스가이(Niceguy)의 이야기는 만족의 원칙이 실제 삶에 어떤 영향을 미칠 수 있는지 보여줍니다. 자신의 현재 위치에 만족하고 그 안에서 최선을 다하는 것이 때로는 무리한 승진이나 변화를 추구하는 것보다 더 나은 결과를 가져올 수 있습니다.

돈 좋아하는 사람은, 돈이 아무리 많아도 만족하지 못하고, 부를 좋아하는 사람은, 아무리 많이 벌어도 만족하지 못하니, 돈을 많이 버는 것도 헛되다. (전도서 5:10)

이 성경 구절은 물질적인 풍요만으로는 진정한 만족을 얻을 수 없다는 것을 강조합니다.

만족의 원칙을 실천하기 위해 우리는 다음과 같은 점들을 기억해야 합니다.

① **현재에 감사하세요**: 지금 가진 것들에 대해 감사하는 마음을 가지세요.

② **자신의 성공 기준을 정의하세요**: 사회의 기준이 아닌, 자신만의 성공 기준을 세우세요.

③ **균형을 추구하세요**: 일과 삶의 균형을 유지하려 노력하세요.

④ **지속 가능한 성장을 추구하세요**: 무리한 성장보다는 건강하고 지속 가능한 성장을 목표로 하세요.

⑤ **자신의 강점을 인식하세요**: 현재 위치에서 자신의 강점을 최대한 발휘하세요.

⑥ **비교를 멈추세요**: 다른 사람과 자신을 비교하지 말고, 자신의 발전에 집중하세요.

⑦ **작은 성취를 축하하세요**: 큰 목표뿐만 아니라 작은 진전도 인정하고 축하하세요.

⑧ **내적 성장을 중요시하세요**: 외적인 성공뿐만 아니라 내적인 성장과 만족도 추구하세요.

⑨ **유연성을 유지하세요**: 상황에 따라 목표를 조정할 수 있는 유연성을 가지세요.

⑩ **정기적으로 자신을 돌아보세요**: 자신의 가치관과 목표를 주기적으로 점검하고 재평가하세요.

만족의 원칙은 우리가 현재 상황에 안주하라는 것이 아닙니다. 오히려 이는 우리가 현재의 위치에서 최선을 다하면서도, 건강하고 균형 잡힌 방식으로 성장해 나가라는 것입니다. 이 원칙을 실천함으로써 우리는 더 행복하고 충만한 삶을 살 수 있으며, 진정한 의미의 성공을 이룰 수 있습니다.

결론적으로 만족의 원칙은 우리의 삶에 평화와 균형을 가져다주는 강력한 도구입니다. 이는 우리가 끊임없는 비교와 경쟁의 압박에서 벗어나 자신의 고유한 가치와 잠재력을 인식하고 발전시킬 수 있게 해줍니다. 만족은 정체를 의미하는 것이 아니라 현재의 상황을 수용하면서도 지속적인 개선과 성장을 추구하는 균형 잡힌 태도를 의미합니다. 이러한 원칙을 따름으로써 우리는 더 풍요롭고 의미 있는 삶을 살 수 있을 것입니다.

===== CHAPTER =====

24

고용 가능성의 원칙

스스로를 성실하다고 말하는 사람은 많으나, 누가 참으로 믿을 만한 사람을 만날 수 있느냐? (잠언 20:6)

고용 가능성의 원칙은 이 책에서 다룬 여러 성경적 원칙들을 종합한 것으로, 삶의 균형을 중요하게 여기는 행동 체계입니다. 이 원칙은 성공을 위한 보편적인 속성들을 하나로 모은 것으로, 직종이나 직위와 상관없이 적용될 수 있습니다.

고용 시장에서 항상 찾는 열 가지 특성은 다음과 같습니다.

① 노력하는 사람

② 유능한 사람

③ 정직한 사람

④ 쾌활한 사람

⑤ 충실하고 믿을 만한 사람

⑥ 결연하고 끈질긴 사람

⑦ 인내심 있는 사람

⑧ 겸손한 사람

⑨ 팀워크가 좋은 사람

⑩ 회복력이 있는 사람

이 중 처음 세 가지(노력, 능력, 정직)는 필수적입니다. 버핏은 이를 '에너지', '지능', '무결성'이라고 표현했습니다. 이 세 가지 요소가 모두 존재해야 하며, 어느 하나라도 부족하면 문제가 될 수 있습니다.

나머지 일곱 가지 특성도 중요하지만 직업에 따라 그 중요도가 다를 수 있습니다. 그러나 이 모든 특성을 갖추면 최고의 전문가가 될 수 있습니다.

고용 가능성의 원칙은 단순히 취업을 위한 것이 아니라 전반적인 성공을 위한 것입니다. 이는 사업 관리에도 적용될 수 있으며 성경은 이에 대한 다양한 지침을 제공합니다.

성경은 현대적인 경영 개념들도 다루고 있습니다. 예를 들면 다음과 같습니다.

① '손절'에 대한 개념: "여러분은 스스로 삼가서, 우리가 수고하여

맺은 열매를 잃지 말고, 충분히 포상을 받을 수 있도록 하십시오" (요한이서 1:8)

② **현금 흐름의 개념:** "너희 가운데서 누가 망대를 세우려고 하면, 그것을 완성할 만한 비용이 자기에게 있는지를, 먼저 앉아서 셈하여 보아야 하지 않겠느냐?" (누가복음 14:28)

성경은 계획, 물류·금융, 법적 문제, 환경 문제, 투자, 혁신, 창의력, 우수성, 손실 중단 등 다양한 경영 관련 주제에 대해 지침을 제공합니다. 또한 직원 관리, 개인 관리, 경영 가치에 대한 원칙들도 포함하고 있습니다.

행운에 대해서도 언급하고 있습니다. "제비를 뽑으면 다툼이 끝나고, 강한 사람들 사이의 논쟁이 판가름 난다" (잠언 18:18). 이는 때로는 운이 결과를 결정할 수 있음을 인정하면서도 우리가 할 수 있는 최선을 다해야 함을 강조합니다.

고용 가능성의 원칙을 실천하기 위해 다음과 같은 점들을 기억해야 합니다.

① **지속적인 자기 개발:** 항상 새로운 기술을 배우고 능력을 향상시키세요.

② **정직성 유지:** 모든 상황에서 정직하고 윤리적으로 행동하세요.

③ **열정과 노력:** 맡은 일에 최선을 다하고 열정을 보여주세요.

④ **팀워크 능력 개발:** 다른 사람들과 잘 협력할 수 있는 능력을 키우

세요.

⑤ **적응력 향상:** 변화하는 환경에 빠르게 적응할 수 있는 능력을 기르세요.

⑥ **긍정적인 태도 유지:** 어려운 상황에서도 긍정적인 태도를 유지하세요.

⑦ **책임감 있는 행동:** 자신의 행동에 책임을 지고, 약속을 지키세요.

⑧ **지속적인 학습:** 항상 새로운 것을 배우려는 자세를 가지세요.

⑨ **문제해결 능력 개발:** 창의적이고 효과적으로 문제를 해결하는 능력을 키우세요.

⑩ **균형 잡힌 삶 추구:** 일과 삶의 균형을 유지하며 전인적인 성장을 추구하세요.

고용 가능성의 원칙은 단순히 취업을 위한 것이 아니라 전반적인 삶의 성공을 위한 지침입니다. 이는 개인의 성장뿐만 아니라 조직의 발전에도 기여할 수 있는 중요한 원칙입니다. 이 원칙을 실천함으로써 우리는 더 나은 전문가, 더 나은 동료, 그리고 더 나은 인간이 될 수 있습니다.

결론적으로 고용 가능성의 원칙은 우리의 직업적 성공과 개인적 성장을 위한 종합적인 접근 방식을 제공합니다. 이는 단순히 직업을 얻거나 유지하는 것을 넘어 우리의 삶 전체를 더 풍요롭고 의미 있게 만드는 방법입니다. 이 원칙을 따름으로써 우리는 지속적으로 성장하고, 변화하는 세상에 적응하며, 궁극적으로 우리의 잠재력을 최대한 발휘할 수 있을 것입니다.

행동이 말보다 더 크게 말합니다. (에이브럼 링컨)

이 명언은 고용 가능성의 원칙을 잘 요약해줍니다. 우리의 실제 행동과 태도가 우리가 누구인지, 그리고 우리가 무엇을 할 수 있는지를 가장 잘 보여줍니다.

고용 가능성의 원칙은 단순히 취업을 위한 전략이 아니라 전체적인 삶의 접근 방식입니다. 이는 우리가 어떤 직업이나 역할에서든 가치 있는 사람이 되도록 도와줍니다. 이 원칙을 실천함으로써 우리는 다음과 같은 이점을 얻을 수 있습니다.

① **직업적 안정성:** 다양한 기술과 능력을 갖춤으로써 변화하는 직업 시장에서 더 안정적인 위치를 확보할 수 있습니다.

② **개인적 성장:** 지속적인 학습과 자기 개발을 통해 개인적으로 성장할 수 있습니다.

③ **더 나은 관계:** 팀워크 능력과 긍정적인 태도는 직장과 개인 생활에서 더 나은 관계를 형성하는 데 도움이 됩니다.

④ **높은 성과:** 노력, 능력, 정직성의 조합은 높은 성과로 이어질 수 있습니다.

⑤ **리더십 기회:** 이러한 특성들을 갖춘 사람은 자연스럽게 리더를 맡게 될 가능성이 높습니다.

⑥ **내적 만족:** 자신의 가치를 알고 그에 따라 행동하는 것은 큰 내적 만족감을 줍니다.

⑦ **사회적 기여:** 이러한 원칙을 따르는 것은 개인의 성공뿐만 아니라 사회 전체에 긍정적인 영향을 미칠 수 있습니다.

고용 가능성의 원칙은 또한 우리가 직면할 수 있는 다양한 도전들에 대처하는 데 도움을 줍니다. 예를 들면 다음과 같습니다.

① **기술의 빠른 변화:** 지속적인 학습과 적응력을 통해 새로운 기술에 대응할 수 있습니다.

② **경제적 불확실성:** 다양한 기술과 능력을 갖춤으로써 경제적 변화에 더 잘 대처할 수 있습니다.

③ **직장 내 경쟁:** 우수성과 팀워크 능력을 통해 건강한 방식으로 경쟁할 수 있습니다.

④ **윤리적 딜레마:** 정직성과 윤리적 행동을 통해 복잡한 상황에서도 올바른 결정을 내릴 수 있습니다.

마지막으로 고용 가능성의 원칙은 우리의 전문적인 삶뿐만 아니라 개인적인 삶에서도 중요합니다. 이는 우리가 더 나은 배우자, 부모, 친구, 그리고 시민이 되는 데 도움을 줍니다. 우리의 행동이 우리의 말보다 더 크게 말한다는 링컨의 말처럼 우리의 일상적인 행동과 태도가 우리의 진정한 가치를 보여줍니다.

결론적으로 고용 가능성의 원칙은 성공적이고 의미 있는 삶을 위한 종합적인 지침입니다. 이는 우리가 지속적으로 성장하고, 변화에 적응하며, 우리의 잠재력을 최대한 발휘할 수 있도록 도와줍니다. 이 원칙을 따름으로써 우리는 단순히 고용 가능한 사람이 되는 것을 넘어 우리 자신과 우리 주변의 세상을 더 나은 곳으로 만들 수 있는 사람이 될 수 있습니다.

씨뿌림의 원칙

자기를 속이지 마십시오. 하나님은 조롱을 받으실 분이 아니십니다. 사람은 무엇을 심든지, 심은 대로 거둘 것입니다. (갈라디아서 6:7)

씨뿌림의 원칙은 이 책에서 다룬 모든 성경적 원칙들을 종합하는 원칙입니다. 이 원칙은 성공의 작동 원리를 포함하고 있으며, 우리의 행동과 그 결과 사이의 인과관계를 설명합니다.

이 원칙의 핵심은 뿌린 대로 거둔다는 것입니다. 이는 종교적 의미를 넘어서 삶의 모든 영역에 적용되는 보편적인 원칙입니다. 행동, 태도, 선택이 결국 삶에 어떤 결과를 가져올지 결정합니다.

씨뿌림의 원칙은 다음과 같은 중요한 점들을 강조합니다.

① **인과응보:** 우리의 모든 행동에는 결과가 따릅니다.

② **배가의 원칙:** 우리가 뿌린 것은 여러 배로 늘어나 돌아옵니다.

③ **선택의 중요성:** 우리는 무엇을 뿌릴지 선택할 수 있지만, 그 결과는 피할 수 없습니다.

④ **적극적 행동:** 단순히 나쁜 일을 하지 않는 것을 넘어, 적극적으로 좋은 일을 해야 합니다.

⑤ **장기적 관점:** 씨뿌림과 수확 사이에는 시간이 걸립니다. 인내와 지속성이 필요합니다.

⑥ **전체적 영향:** 우리의 행동은 우리 자신뿐만 아니라 주변 환경에도 영향을 미칩니다.

씨뿌림의 원칙이 항상 즉각적으로 작동하지 않는 것처럼 보이는 경우가 있습니다. 이에 대해 두 가지 가능성을 고려해볼 수 있습니다.

① **불량하거나 불완전한 씨뿌리기:** 씨뿌리기는 단순히 씨를 뿌리는 행위로 끝나지 않습니다. 적절한 관리와 후속 조치가 필요합니다.

② **중복 파종:** 우리가 뿌린 좋은 씨앗이 다른 사람들이 뿌린 나쁜 씨앗에 의해 영향을 받을 수 있습니다. 우리는 더 큰 환경의 일부이기 때문입니다.

이러한 상황에서는 다음과 같이 대응해야 합니다.

① **지속적으로 선을 행하세요**: 악을 피하고 선을 행하는 것을 멈추지 마세요.

② **인내하세요**: 좋은 결과는 시간이 걸릴 수 있습니다.

③ **전체적인 관점을 가지세요**: 개인적인 행동뿐만 아니라 사회적 책임도 고려하세요.

④ **지혜롭게 행동하세요**: 단순히 열심히 일하는 것을 넘어 지혜롭게 행동해야 합니다.

⑤ **팀워크를 활용하세요**: 함께 일하면 더 나은 결과를 얻을 수 있습니다.

씨뿌림의 원칙을 실천하기 위해 다음과 같은 점들을 기억해야 합니다.

① **의식적으로 선한 행동을 하세요**: 매일 의도적으로 선한 행동을 실천하세요.

② **장기적인 관점을 가지세요**: 눈앞의 결과에 연연하지 말고 장기적인 관점을 유지하세요.

③ **지속적으로 학습하세요**: 실패로부터 배우고 더 나은 방법을 찾으세요.

④ **균형을 유지하세요**: 개인적인 성장과 사회적 책임 사이의 균형을 유지하세요.

⑤ **긍정적인 영향력을 행사하세요**: 주변 환경에 긍정적인 변화를

가져오려 노력하세요.

⑥ **인내하세요:** 좋은 결과가 나타나기까지 시간이 걸릴 수 있음을 인정하세요.

⑦ **반성하고 조정하세요:** 정기적으로 자신의 행동을 돌아보고 필요한 경우 조정하세요.

⑧ **다른 사람들을 격려하세요:** 주변 사람들도 선한 씨를 뿌리도록 격려하세요.

⑨ **감사하는 마음을 가지세요:** 작은 성과에도 감사하는 마음을 가지세요.

⑩ **희망을 잃지 마세요:** 어려운 상황에서도 희망을 잃지 말고 계속해서 선한 씨를 뿌리세요.

결론적으로 씨뿌림의 원칙은 우리 삶의 모든 영역에 적용되는 강력한 원칙입니다. 이는 현재의 행동이 미래의 결과를 결정한다는 것을 인식하게 해주며, 더 나은 삶과 세상을 만들기 위해 지속적으로 노력하도록 격려합니다. 이 원칙을 따름으로써 우리는 개인적으로 성장할 뿐만 아니라 우리 주변 세상에도 긍정적인 영향을 미칠 수 있습니다.

김종두 이사장님과의
따뜻한 대화

Q. 안녕하세요, 김종두 이사장님. 먼저 자기소개를 부탁드립니다.

† 안녕하세요. 기독교 지식 만화가로 활동 중인 김종두입니다. 「만화 기독교강요」 등 여러 기독교 지식 만화를 통해 복음을 전하고 있으며, 2018년부터는 (사)올피플을 설립하여 만화로 세계 곳곳에 하나님의 말씀을 전하고 있습니다. 만화라는 친근한 매체를 통해 사람들이 더 쉽게 복음을 접할 수 있도록 돕는 것이 저의 사명입니다. 제가 하는 일이 누군가에게 작은 위로와 기쁨이 된다면 그것만으로도 큰 은혜라고 생각합니다.

Q. 이사장님께 성경이란 어떤 의미인가요?

† 성경은 제 인생의 중심에 있습니다. 만약 평생 단 한 권의 책만 읽을 수 있다면 저는 주저 없이 성경을 선택할 것입니다. 성경은 저에게 그저 글자가 아닌, 인생의 모든 순간을 함께

해주는 친구와도 같습니다. 힘들고 지치던 날들, 아무도 나를 이해하지 못한다고 느꼈던 순간들에 성경의 말씀은 저를 붙들어주었어요. 말씀이 없었다면 저는 분명 여러 고난 속에서 무너졌을 겁니다. 성경은 저에게 인생의 길을 밝혀주는 등불이었고, 매 순간 저를 인도해주는 따뜻한 빛이었습니다.

또한 성경은 제가 매일 발견하는 보물 같은 존재입니다. 그 깊이를 파고들수록 더 많은 지혜와 깨달음을 주고, 마치 광산에서 금을 캐듯이 그 속에서 놀라운 하나님의 뜻을 발견하게 되죠. 성경을 읽을 때마다 하나님이 제게 속삭여 주시는 사랑과 은혜를 느낄 수 있어 그 순간이 제 삶의 가장 큰 기쁨입니다.

Q. 이사장님이 가장 좋아하는 성경 인물은 누구인가요?

† 저는 야베스를 참 좋아합니다. 야베스는 태어날 때부터 고통 속에 있었고, 그의 이름조차 슬픔을 상징하죠. 하지만 그는 하나님께 기도하며 자신의 운명을 개척해 나갔고, 결국 형제들보다 더 존귀한 자로 하나님께 인정받게 됩니다. 그 이야기를 읽을 때마다 저도 마치 그와 같은 길을 걷고 있다는 느낌이 듭니다. 저 역시 어려운 환경 속에서 태어났고, 많은 고난을 겪었지만 하나님께 의지하며 이 자리까지 올 수 있었습

니다. 야베스의 이야기 속에서 저는 제 자신의 모습을 발견하고, 그가 기도했던 것처럼 저도 하나님께 간절히 기도합니다. 그 기도는 저를 지금까지 이끌어준 큰 힘이 되었죠.

Q. 현재 진행하고 계신 만화 전도 사역에 대해 이야기해주세요.

✝ 저는 만화를 통해 복음을 전하는 독특한 방법으로 하나님의 말씀을 나누고 있습니다. 만화라는 매체는 복잡하고 어려운 신학을 더 쉽게 풀어내는 데 탁월한 도구입니다. 특히, 좋은 소식 이라는 복음 전도 만화는 40개 이상의 언어로 번역되어 전 세계로 퍼져나가고 있습니다. 제게 있어 가장 기쁜 순간은 이 만화를 통해 누군가가 하나님을 만나고, 그들의 삶이 변화되었다는 소식을 들을 때입니다. 이 모든 것이 저 혼자 한 것이 아닌, 하나님께서 저를 도구로 사용하신 결과임을 알기에 더 감사한 마음으로 사역에 임하고 있습니다.

또한 최근에는 시각장애인을 위한 촉각 만화를 제작하거나, 메타버스와 드론을 통해 복음을 전하는 새로운 방법도 연구하고 있습니다. 이 모든 과정은 제 삶 속에서 하나님께서 열어주신 길이며, 저는 그 길을 충실히 걸어가려 노력하고 있습니다.

Q. 마지막으로 독자들에게 전하고 싶은 말씀이 있으신가요?

† 성공이란 세상에서 높아지는 것이 아니라 하나님께서 주신 사명을 온전히 따르는 것이라고 믿습니다. 하나님이 우리 각자에게 주신 그 소명 속에서 충실히 살아가는 것이야말로 진정한 성공이 아닐까요. 독자분들도 성경을 통해 하나님의 뜻을 발견하고, 그분의 사랑 안에서 살아가는 기쁨을 누리시길 바랍니다. 하나님께서는 우리가 상상할 수 없는 큰 은혜로 여러분의 삶을 이끌고 계시며, 그 사랑 안에서 여러분 모두가 풍성한 삶을 살기를 기도합니다.

세속적인 성공 너머

이 미친 예수라고 불리는 것

매일 우리는 다양한 사람들과 부대끼며 살아갑니다. 성공한 기업가들과 성공하지 못한 기업가, 의사, 변호사, 프리랜서, 석공, 미용사, 관리인, 청소부 등 사회 모든 계층에서 선하고 악한 사람들을 만납니다. 예수님 자신도 이 지구에 내려와 마구간에서 태어나시면서 이렇게 말씀하셨습니다. "머리 둘 곳이 없다"(누가복음 9:58; 마태복음 8:20).

저는 우리의 경험을 다른 사람들과 나누고, 성공에 이르는 성경의 25가지 원칙의 힘을 사람들이 깨닫게 하는 것이 중요하다고 믿습니다. 이 책을 마무리하면서 성경이 당신의 직업적·재정적 성공을 넘어서는 훨씬 더 놀라운 것을 제공할 수 있다는 점을 강조하고 싶습니다.

최고의 성공은 예수님이 자신의 왕국을 말씀하실 때 우리에게 가져다준 혁명적인 패러다임을 이해하는 것입니다. 이 왕국은 지상의 왕국과는 전혀 다릅니다. 많은 사람들이 예수님의 사상을 미친 것으로 여겼습니다. 예수님의 가르침은 때로 듣기 불편했습니다. 예수님은 사랑과 관계에 대해 이야기할 때 가난하고 겸손한 사람들도 동시에 중요하게 여기셨기 때문입니다. 이는 대부분의 사람들이 아직 이해하기 어려운 개념입니다. 하나님은 모든 사람을 사랑하십니다. 약한 사람도 사랑하십니다.

자신의 장점과 부와 지혜로 구원을 찾으려는 사람들에게 예수님은 늘 신비로운 존재입니다. 혼자 해낼 수 있고 자신만으로 충분하다고 생각하는 사람들에게 예수님의 사상은 불편할 수 있습니다. 예수님은 사회에서 소외된 사람들을 포함한 모든 이를 위해 오셨습니다. 정신 건강에 어려움을 겪는 사람들, 사회에 적응하지 못하는 이들, 그리고 주류 사회에서 밀려난 사람들까지 모두 포함됩니다. 반면, 자신의 삶이 완벽하다고 여기거나 도움이 필요 없다고 생각하는 사람들은 예수님의 메시지에 귀 기울이지 않을 수도 있습니다.

우리는 예수님께 감사드립니다. 예수님은 사회와 시장이 제공하는 것과는 다른 대안을 제시하십니다. 예수님은 선택받은 자와 강자뿐만 아니라 모든 사람을 돌보실 수 있습니다. 예수님은 지적이고 재능 있는 자, 귀족, 자수성가한 자들만을 구원하시기 위해 오신 것이 아닙니다. 예수님은 문맹자와 박사학위 소지자, 가난한 자와 부자 모두에게 똑같이 축복을 내리십니다. 당신이 빌 게이츠

만큼 부유하거나 알버트 아인슈타인(Albert Einstein)만큼 똑똑하거나 선지자가 될 필요는 없습니다. 예수님을 따르기 위해 사회의 기준에 맞출 필요도 없습니다.

예수님은 성자와 죄인 모두를 사랑하십니다. 예수님은 부유하고 재능이 뛰어난 자들뿐만 아니라 술주정뱅이, 어리석은 자, 실업자들도 받아들이십니다. 예수님은 차별하지 않으십니다. 우리는 전 세계의 엘리트, 부자, 현자들을 존경하지만, 사회가 정의한 성공하지 못한 자, 즉 가난하고 약하고 불운한 사람들을 돌보시는 하나님께 헌신합니다.

성경에는 이렇게 적혀 있습니다.

> 그런데 하나님께서는, 지혜 있는 자들을 부끄럽게 하시려고 세상의 어리석은 것들을 택하셨으며, 강한 것들을 부끄럽게 하시려고 세상의 약한 것들을 택하셨습니다. 하나님께서는 세상에서 비천한 것들과 멸시받는 것들을 택하셨으니 곧 잘났다고 하는 것들을 없애시려고 아무것도 아닌 것들을 택하셨습니다. (고린도전서 1:27-28)

우리는 지적이고 사회적 영향력이 강하고 성공한 사람이 될 수 있습니다. 재산과 타이틀과 지위도 얻을 수 있습니다. 하지만 세속적 성공 때문에 다른 사람들보다 우위에 있고 자신만 영적 특권이 있다고 생각하면 안 됩니다. 그런 성공이 하나님과의 연결을 보장할 수 없을 뿐만 아니라 하나님이 당신을 더 사랑하게 만들 수도 없습니다.

예수님을 통한 구원과 믿음을 통한 구원은 돈이 들지 않습니다. 이것이 하나님 앞에서 모두를 평등하게 만듭니다. 예수님은 겸손하고 모든 사람의 구원자이시기 때문에 일부 사람들에게는 스캔들이고 미친 짓으로 보일 수 있습니다. 예수님은 모든 사람에게 하나님께로 가는 단순하고 직접적인 길을 안내하십니다. 예수님은 현실 세계를 지배하는 패러다임을 깨뜨리십니다.

당신 자신의 장점으로 재산을 키울 능력이 있고 똑똑하고 현명하다면, 그것이 예수님과의 관계에 장벽이 되지 않기를 바랍니다. 현실에서의 성공은 최대 80~100년까지 지속되지만, 예수님이 주시는 구원은 영원합니다. 예수님의 사랑과 구원을 받고 이 세상과 다음 세상에서 예수님을 당신 곁에 두기 위해서 당신이 최고가 될 필요는 없습니다.

그래서 우리는 예수님께 헌신하고 그분을 섬기기로 결심합니다. 우리가 예수님의 가장 뛰어난 제자는 아니며, 심지어 우리 자신을 훌륭한 추종자라고 부르기에도 부족합니다. 하지만 여전히 우리 자신과의 관계, 다른 사람들과의 관계, 그리고 예수님과의 관계에서 갈 길이 멀다는 것도 알고 있습니다.

이 책에서 나눈 지식—법과 개념과 원칙들—이 당신의 인생에 유용하기를 바랍니다. 이 책이 당신의 성공을 이루어주고 그 성공을 더 증가시켜 주는 도구가 되길 바랍니다. 나아가 당신이 얼마나 큰 성공을 이루느냐와 상관없이 당신을 응원하시며 당신의 인생을 위한 큰 계획을 가지신 사랑스러운 하나님이 당신 곁에 계신다는 것을 기억하시기 바랍니다.

폐에 산소가 필요하듯이 우리가 생존하려면 희망이 필요합니다. 성경에는 희망이 가득합니다. (빌리 그레이엄)

발행인의 말

『한 손에 성경, 한 손에 비즈니스』를
발행하며

조찬우
도서출판 차선책 대표

> 사람이 마음으로 자기의 앞길을 계획하지만 그 발걸음을 인도하시는 분은 주님이시다. (잠언 16:9)

이 성경 구절은 제 삶의 나침반과도 같습니다. 우리는 늘 부지런히 계획하고, 성과를 내며, 세상에 자신을 증명하려 노력합니다. 하지만 이 여정에서 깨달은 가장 큰 진리는 아무리 최선을 다해도 하나님의 도우심 없이는 어떤 것도 완성될 수 없다는 것입니다.

차선책 출판사를 창업하여 『쇼타임』, 『티켓』, 『스물일곱, 과일로 쏘아 올린 200억』 등의 책을 출간하면서 저는 매 순간 하나님의 섭리를 체험했습니다. 그럼에도 불구하고 저는 여전히 부족하고 연약한 기독교인임을 고백합니다. 우리 모두가 그렇듯이 저 역

264 ———— 한 손에 성경, 한 손에 비즈니스

시 끊임없이 흔들리는 불완전한 존재입니다.

평양과학기술대학교 이승율 총장님을 통해 이 책의 출간 제안을 받았을 때 처음에는 주저했습니다. '기독교 서적은 베스트셀러가 될 수 없다'라는 선입견과 '출판 시장의 불황 속에서 99% 손해볼 것'이라는 현실적인 우려 때문이었습니다. 그러나 그날 밤, 마치 하나님께서 제게 말씀하시는 것 같았습니다. "네가 차선책을 시작할 때 내가 얼마나 도왔느냐? 내 존재를 얼마나 증명해주었느냐?" 이 음성에 저는 "그냥 가보자!"라고 결심했습니다. 모든 것이 주님의 주권 아래 있음을 깨달았기 때문입니다.

이 책의 탄생에는 많은 분들의 헌신이 있었습니다. 이승율 총장님, 윌리엄 더글러스 판사님, 박지웅 선교사님, 곽수광 목사님, 그리고 귀중한 인터뷰를 해주신 이지선 교수님, 홍태호 대표님, 서정열 장군님, 송요한 선교사님, 김종두 이사장님께 깊은 감사를 드립니다. 이분들의 도움이 없었다면 이 책은 세상의 빛을 보지 못했을 것입니다.

『한 손에 성경, 한 손에 비즈니스』라는 이 책의 제목처럼 우리의 신앙과 일상이 조화롭게 어우러지기를 소망합니다. 기독교인 독자분들께는 이 책이 하나님께서 주신 세상을 더욱 풍성히 누리는 축복과 은혜의 통로가 되기를, 그리고 아직 믿음의 여정을 시작하지 않으신 분들께는 만왕의 왕이신 하나님을 만나는 소중한 기회가 되기를 간절히 기도합니다.

우리의 계획이 항상 완벽할 수는 없지만, 그 계획을 인도하시는

분이 계시다는 것을 기억하며 함께 전진합시다. 우리 모두의 삶과
사업에 하나님의 지혜와 은혜가 충만하기를 바랍니다.

한 손에 성경, 한 손에 비즈니스

초판 1쇄 발행 2024년 10월 25일

지은이	윌리엄 더글러스, 루벤스 테이세이라
옮긴이	곽수광
발행인	조찬우
펴낸곳	차선책

기획·편집	김지영
교정·교열	신유미
디자인	박은정
마케팅 총괄	김지영
마케팅	강지연
경영지원	김수진
인쇄	㈜예인미술

출판등록	제2022-00056호
주소	서울특별시 송파구 풍납동 풍성로 14길 31, 405호
전화	010-5832-4016
이메일	thenextplanb@gmail.com
홈페이지	thenextplan.co.kr
인스타그램	@thenextplan_official
트위터	@thenextplanb
블로그	blog.naver.com/thenextplanb
유튜브	@thenextplanb

ISBN 979-11-979198-7-9 03230